INVENTAIRE
DES DIAMANS
DE LA COURONNE.

INVENTAIRE
DES DIAMANS
DE LA COURONNE,

PERLES, PIERRERIES, TABLEAUX, PIERRES GRAVÉES,

Et autres Monumens des Arts & des Sciences existans au Garde-Meuble :

INVENTAIRE fait en conformité des Décrets de l'Assemblée-nationale-constituante, des 26, 27 Mai & 22 Juin 1791,

PAR ses Commissaires MM. BION, CHRISTIN & DELATTRE, Députés à l'Assemblée nationale ;

SUIVI d'un Rapport sur cet Inventaire, par M. DELATTRE.

IMPRIMÉ PAR ORDRE DE L'ASSEMBLÉE NATIONALE.

PREMIÈRE PARTIE.

A PARIS,
DE L'IMPRIMERIE NATIONALE.
1791.

INVENTAIRE
DES DIAMANS
DE LA COURONNE.

ANNÉE 1791.

Aujourd'hui vingt-cinq juin mil sept cent quatre-vingt-onze, neuf heures du matin,

Nous Jean-Marie *Bion*, Charles-Gabriel-Frédéric *Christin*, François-Pascal *Delattre*, députés à l'Assemblée nationale et ses commissaires pour dresser un inventaire des diamans appelés *de la couronne*, perles, pierreries, tableaux, pierres gravées et autres monumens des arts et des sciences, conformément aux décrets de l'Assemblée nationale des 26 et 27 mai dernier et 22 de ce mois,

Nous sommes transportés au garde-meuble, place de Louis XV, où nous avons été introduits par le sieur Marc-Antoine *Thierri*, commissaire-général de la maison du roi au département des meubles dits *de la couronne*, dans la salle appelée *des bijoux*, où nous avons trouvé le sieur Alexandre *Lemoine-Crecy*, garde-général des meubles dits *de la couronne* les sieurs Paul-Nicolas *Menière*, jouaillier de la couronne, Jean-Charles *Louri* et Jean-Corneille *Laddgraff*, jouailliers, demeurans à Paris, rue Saint-Louis du Palais des marchands et quai des Orfévres, choisis par nous commissaires aux fins de procéder tant à l'inventaire et estimation ordonnés, qu'au récolement des inventaires précédemment faits.

Nous avons interpellé ledit sieur Thierri de nous représenter ou de nous indiquer les cinq derniers inventaires qui ont dû être faits des diamans et autres objets ci-dessus désignés.

Il nous a répondu,

1°. Que les diamans dits *de la couronne* et leurs inventaires n'ont été déposés au garde-meuble que d'après un arrêt du conseil, signé B[on]. de Breteuil, et daté du premier octobre 1784.

2°. Que cet arrêt du conseil a commis le sieur de la Chapelle, chef du bureau de la maison du roi, pour, avec tel jouaillier qu'il jugeroit de choisir à cet effet, faire la vérification de l'inventaire desdits diamans dont la garde avoit été confiée au feu sieur Tourteau, par brevet du premier Décembre 1773, retirer lesdits diamans et en donner bonne et valable décharge tant aux héritiers dudit feu sieur Tourteau, qu'au sieur Aubert, tenu par l'acte de société passé entre lui et ledit feu sieur Tourteau, confirmé par arrêt du conseil du 28 mai 1773, de répondre conjointement et solidairement desdits diamans; ordonnant sa majesté que ledit sieur de la Chapelle en feroit la remise au sieur Thierri, commissaire-général du Garde-meuble, pour être mis par lui sous la garde du garde-général des meubles de la couronne, lequel en resteroit chargé ainsi et de la même manière que desdits meubles.

3°. Que ledit sieur de la Chapelle avoit choisi à cette époque le sieur Bohemer en qualité de jouaillier, pour assister au procès-verbal de la remise des diamans, lequel procès-verbal ayant été fait et signé, les diamans et une copie de l'inventaire fait le 10 septembre 1691, collationnée, signée le duc de la Vrillière, et un inventaire fait le 19 septembre 1774, signé Louis, Phelyppeaux, Lempereur, Leblanc, A. J. Aubert; lesdites copie et inventaire reliés en un volume, intitulé sur le couvert : *Inventaire des diamans de la couronne, années* 1691 *et* 1774, ont été remis sous la main dudit sieur Alexandre Lemoine-Crecy, garde-général des meubles de la couronne; et en outre ledit sieur Thierri a déclaré que le roi lui a remis une copie de l'inventaire du 19 septembre 1774, signée Louis, et plus bas Phelyppeaux, reliée en maroquin rouge, aux armes de France, intitulée : *inventaire des diamans et pierreries de la couronne*, 1774, qu'il a offert de nous représenter, et a déclaré n'en avoir pas reçu d'autres.

4°. Que pour satisfaire sans délai aux volontés de sa majesté, on avoit procédé dès 1784 à la description et à l'inventaire des *bijoux* de la couronne, dans lequel ne sont point compris les *diamans* de la couronne, qui font un objet distinct et séparé.

5°. Ledit sieur Thierri a encore observé qu'à l'égard des pierres gravées, et autres monumens des arts et des sciences, dont fait mention le décret de l'Assemblée nationale, du 27 mai denier, il ne connoît d'objets en ce genre au garde-meuble que quelques pierres gravées sur des vases.

6°. Enfin ledit sieur Thierri a représenté que le sieur de la Chapelle est occupé à la reconnoissance et levée des scellés qui ont été apposés au palais des Tuileries, et qu'il ne lui est pas possible de quitter cette opération pour communiquer l'état des diamans de la couronne, fait en 1784, et a signé. *Signé*, THIERRI.

Et au moyen de ce que les occupations du sieur de la Chapelle empêchent la communication de l'état de 1784, nous commissaires avons remis à lundi prochain 27 de ce mois, neuf heures du matin, la continuation de notre opération, à laquelle toutes les personnes intéressées et les experts jouailliers ont promis de se trouver; et ont signé, THIERRI, CRÉCY.

Et ledit jour 27 juin 1791, neuf heures du matin, nousdits commissaires nous sommes transportés au garde-meuble de la couronne, dans la salle des bijoux, où nous avons trouvé les sieurs Thierri et Lemoine-Crécy, lesquels nous ont dit qu'ils avoient fait demander au sieur de la Chapelle l'état fait en 1784; que celui-ci avoit répondu qu'il avoit fait des recherches dans les papiers qu'il a en cette ville, mais que ne l'y ayant point trouvé, il étoit vraisemblablement dans ses bureaux à Versailles, où il ne lui étoit pas, quant à présent, possible de se transporter; qu'ils estimoient qu'on pouvoit cependant faire l'opération ordonnée par l'Assemblée nationale, d'autant que cet état n'est qu'une répétition très-sommaire de ce qui est porté dans l'inventaire de 1774, et qu'ils offrent au surplus de communiquer ledit état aussi-tôt qu'il leur aura été remis.

Alors le sieur Lemoine-Crécy a observé que le 27 mai dernier il lui a été signifié de la part des sieurs Antoine Daveziés, citoyen de Paris, et consorts, héritiers du sieur Antoine Daveziés, décédé banquier à Paris, une opposition tendante à ce qu'on ne comprenne pas dans l'inventaire des diamans appelés de la couronne, savoir ;

1°. Un collier à usage de femme, composé de 35 diamans brillans.

2°. Une bague d'un grand diamant brillant, de belle forme.

3°. Une bague d'un brillant en forme de cœur.

4°. Enfin une paire de boucles d'oreilles pour femme, composée de quatre diamans brillans pour chacune boucle.

Néanmoins le sieur Lemoine a offert de représenter tous les diamans et autres bijoux qui sont confiés à sa garde, et a signé. *Signé*, CRECY.

Ont aussi comparu les sieurs Menière, Loury et Laddgraff, jouailliers, lesquels ont prêté devant nous le serment de vaquer avec fidélité et vérité à la reconnoissance, vérification et estimation des diamans, perles, pierres de couleur et bijoux qui seront rapportés dans cet inventaire.

Après quoi nous avons donné acte auxdits sieurs Thierri et Lemoine de leurs comparutions, dires, observations et offres, et aux sieurs Menère, Loury et Laddgraff de leur serment ; et nous avons procédé à l'inventaire, ainsi qu'il suit :

CHAPITRE PREMIER.

DIAMANS.

Nos.	DÉSIGNATION.	POIDS.	ESTIMATION.
1er.	Un superbe diamant brillant blanc, appelé *le Régent*, forme carrée, les coins arrondis, ayant une petite glace dans le filetis, et une autre à un coin dans le dessous, pesant cent trente-six karats quatorze seize, estimé douze millions, ci.....	136 k. $\frac{14}{16}$	12,000,000tt
	N°. 1, art. 1, inventaire 1774.		
2.	Un très-grand diamant brillant, forme carrée, coins émoussés, de bonne eau, et net, pesant vingt-six karats douze seize, estimé cent cinquante mille liv. ci.....	26 k. $\frac{12}{16}$	150,000
	N°. 1, art. 6, inventaire 1774.		
	Les sieurs Thierri et Lemoine ont observé que la différence du poids qui est porté par l'inventaire de 1774 à 42 karats $\frac{5}{8}$, provient de ce que ce diamant a été nouvellement taillé en		
	De cette part.		12,150,000

Nˢ.	DÉSIGNATION.	POIDS.	ESTIMATION.
	Report.		12,150,000tt
	exécution de l'ordre du roi, du mois d'octobre 1786; en marge approuvé et confirmé par arrêt du conseil, du 23 mai 1789, qu'ils nous ont représenté.		
	Cette obſervation s'appliquera à tous les diamans dont le poids & la forme ne ſe rapporteront plus à ceux de l'inventaire de 1774.		
	Ledit sieur Lemoine a représenté, de plus, qu'à l'instant où les diamans de la couronne ont été remis entre ses mains, les articles 1, 2 et 3, le second qui va suivre, étoient montés en chatons détachés, mêlés les uns avec les autres, sans écrins ni boîtes pour les contenir, de manière qu'ils étoient tous dépolis par le frottement.		
	Les plus gros diamans de la couronne composoient ces trois articles; quelques-uns étoient bien désignés, et pouvoient se comparer à l'inventaire de 1774, mais d'autres aussi étoient méconnoissables.		
	De cette part.		12,150,000

Nos.	DÉSIGNATION.	POIDS.	ESTIMATION.
	Report.		12,150,000tt
	Il a ajouté que MM. les commi saires seront à portée de juger que les articles 4, 5, 7, 8, 9 et 10, qui vont être mis sous leurs yeux, et qui provenoient de parures composées d'une quantité considérable de diamans, pierres de couleur et perles, étoient très-mal décrits dans l'inventaire de 1774, en ce qu'ils ne distinguoient point les diamans brillans, demi-brillans ou roses, les pierres de couleur, par le nom qui leur étoit propre, par leurs poids et qualité, les perles par leur poids et la désignation de leur eau et de leur forme, et rarement par leur qualité. En conséquence le sieur Lemoine a prié MM. les commissaires de vouloir bien faire rectifier l'estimation qui a eté excessivement forcée dans l'inventaire de 1774, et de faire porter au taux de la juste valeur des diamans la nou-		
	De cette part.		12,150,000

Nos.	DÉSIGNATION.	POIDS.	ESTIMATION.
	Report.		12,150,000#
	velle estimation à laquelle on va procéder.		
3.	Un grand diamant fort étendu, forme en poire, tirant sur la fleur de pêcher, pesant vingt-qnatre karats treize seize et un trente-deuxième, estimé deux cents mille livres, ci.	24 k. $\frac{13}{16}\frac{1}{32}$	200,000
	N°. 6, art. 16, inventaire 1774.		
4.	Un grand diamant, forme en poire, percé d'un bout, d'eau un peu jaune et mal net, taillé à facettes, pesant vingt karats quatorze seize un trente-deuxième, estimé soixante-cinq mille livres, ci.	20 k. $\frac{14}{16}\frac{1}{32}$	65,000
	N°. 1, art. 14, inventaire 1774.		
5.	Un grand diamant brillant, couleur de rose, forme à cinq pans, ayant une forte glace sur l'un des pans, prenant du bord du filetis, se prolongeant presque jusqu'à la culasse, vif, pesant vingt karats douze		
	De cette part.		12,415,000

Nos.	DÉSIGNATION.	POIDS.	ESTIMATION.
	Report.		12,415,000tt
	seize, estimé quarante-huit mille livres, ci. . . .	20 k. $\frac{11}{16}$	48,000
	N°. 1 du 3e. fleuron, art. 4.		
	Na. Il n'est pas fait mention du poids dans l'inventaire 1774.		
6.	Un diamant forme olive, blanc, percé d'un bout, ayant une glace noire près du percé, pesant dix-huit karats treize seize un trente-deuxième, estimé quatre-vingt-cinq mille livres, ci.	18 k. $\frac{13}{16}$ $\frac{1}{32}$	85,000
	Faisant partie du n°. 1 de l'art. 14, inventaire 1774.		
7.	Un grand diamant brillant, carré long arrondi, d'eau verdâtre, rempli de glaces et points noirs, pesant dix-huit karats onze seize, estimé vingt mille livres, ci.	18 k. $\frac{11}{16}$	20,000
	N°. 6, art. 6, inventaire 1774.		
8.	Un grand diamant brillant, carré arrondi, d'eau un peu vineuse,		
	De cette part.		12,568,000

Nos.	DÉSIGNATION.	POIDS.	ESTIMATION.
	Report.		12,568,000tt
	vif et net, pesant dix-huit karats neuf seize, estimé soixante-quinze mille livres, ci.	18 k. $\frac{9}{16}$	75,000
	Nº. 6, art. 2, inventaire 1774, où le poids est porté à 21 karats.		
9.	Un grand diamant brillant, forme carrée arrondie, épais, couleur d'acier, vif et net, pesant dix-sept karats sept seize un trente-deuxième, estimé dix-huit mille livres, ci.	17 k. $\frac{7}{16}$ $\frac{1}{32}$	18,000
	Nº. 1 du 18e fleuron de l'art. 4, inventaire 1774.		
10.	Un grand diamant brillant, forme pendeloque, d'eau fleur de pêcher, ayant une glace sur l'un des flancs, pesant quatorze karats quatorze seize, estimé vingt-cinq mille livres, ci.	14 k. $\frac{14}{16}$	25,000
	Nº. 1 du 5e. fleuron, art. 4, inventaire 1774.		
11.	Un grand diamant brillant, forme en bateau, d'eau cristaline, vif et net, pesant 14 karats		
	De cette part.		12,686,000

N°.	DÉSIGNATION.	POIDS.	ESTIMATION.
	Report.		12,686,000tt
	quatorze seize, estimé cent cinquante mille liv. ci.	14 k. $\frac{14}{16}$	150,000
	N°. 8, art. 3, inventaire 1774.		
12.	Un diamant brillant, carré arrondi, d'eau tirant sur la fleur de pêcher, vif et net, pesant quatorze karats douze seize, estimé trente mille livres, ci.	14 k. $\frac{12}{16}$	30,000
13.	Un grand diamant brillant, forme ovale, presque rond, de bonne eau et net, pesant treize karats dix seize, estimé soixante mille livres, ci.	13 k. $\frac{10}{16}$	60,000
14.	Un diamant brillant, forme longue, d'eau brune et net, pesant treize karats huit seize, estimé trente-cinq mille livres, ci.	13 k. $\frac{8}{16}$	35,000
	N°. 14, art. 2, inventaire 1774.		
15.	Un diamant brillant, forme en cœur, couleur jaune, vif et net, pesant onze karats dix		
	De cette part.		12,861,000

Nos.	DÉSIGNATION.	POIDS.	ESTIMATION.
	Report.		12,861,000tt
	seize, estimé quinze mille livres, ci......	11 k. $\frac{10}{16}$	15,000
	No. 1, art. 15, inventaire 1774.		
16.	Un diamant brillant, forme en cœur, couleur de bois, vif et net, pesant onze karats dix seize, estimé dix mille livres, ci............	11 k. $\frac{10}{16}$	10,000
	No. 2, art. 15, inventaire 1774.		
17.	Un grand diamant brillant, carré, émoussé, fort épais, d'eau un peu jaune, vif et net, pesant onze karats six seize, estimé quinze mille liv. ci................	11 k. $\frac{6}{16}$	15,000
	No. 1 du 1re. fleuron, art. 4, inventaire 1774.		
18.	Un grand diamant brillant, forme pendeloque, d'eau un peu fleur de pêcher, avec plusieurs glaces dans le milieu de la pierre, et mal net, pesant onze karats deux seize, estimé dix mille livres, ci................	11 k. $\frac{2}{16}$	10,000
	De cette part.		12,911,000

Nos.	DÉSIGNATION.	POIDS.	ESTIMATION.
	Report.		12,911,000tt
	N°. 11 du seizième fleuron, art. 4, inventaire 1774.		
19.	Un diamant brillant, forme ronde, fort épais, un peu céleste, vif et net, pesant dix karats sept seize, estimé trente mille livres, ci.	10 k. $\frac{7}{16}$	30,000
	N°. 1 du deuxième fleuron, art. 4, inventaire 1774.		
20.	Un grand diamant brillant, forme ovale, presque rond, un peu brun, vif et net, pesant dix karats quatre seize, estimé vingt-cinq mille livres, ci.	10 k. $\frac{4}{16}$	25,000
	No. 23, art. 2, inventaire 1774.		
21.	Un diamant brillant, forme ovale, de première eau, ayant une glace jaune sur le bord du filetis, pesant dix karats, estimé trente mille livres, ci.	10 k.	30,000
	No. 1 du neuvième fleuron, art. 4, inventaire 1774.		
22.	Un grand diamant brillant, très-étendu, forme carrée, émoussé,		
	De cette part.		12,996,000

Nos.	DÉSIGNATION.	POIDS.	ESTIMATION.
	Report........		12,996,000
	couleur de rose, vif et net, pesant neuf karats dix seize, estimé vingt mille livres, ci........	9 k. $\frac{10}{16}$	20,000
	No. 1 du dix-neuvième fleuron, art. 4, inventaire 1774.		
23.	Un grand diamant brillant, fort étendu, carré-long, arrondi, d'eau un peu brune, ayant une glace à un coin, prenant du bord du filetis jusqu'au bord de la culasse, pesant neuf karats huit seize, estimé vingt-cinq mille livres, ci............	9 k. $\frac{8}{16}$	25,000
	No. 7, art. 2, inventaire 1774.		
24.	Un diamant brillant, carré-allongé, arrondi, de mauvaise couleur, brune et net, pesant neuf karats cinq seize un trente-deuxième, estimé douze mille liv, ci..................	9 k. $\frac{5}{16}$ $\frac{1}{32}$	12,000
	No. 15, art. 2, inventaire 1774.		
25.	Un grand diamant brillant, carré un peu long, de bonne eau,		
	De cette part......		13,053,000

Nos.	DÉSIGNATION.	POIDS.	ESTIMATION.
	Report......		13,053,000tt
	vif et net, pesant neuf karats quatre seize, estimé vingt-cinq mille livres, ci............	9 k. $\frac{4}{16}$	25,000
	No. 25, art. 2, inventaire 1774.		
26.	Un diamant brillant, forme carrée arrondie, d'eau un peu jaune et mal net, pesant neuf karats quatre seize, estimé douze mille livres, ci.................	9 k. $\frac{4}{16}$	12,000
	No. 2 du dix-neuvième fleuron, art. 4, inventaire 1774.		
27.	Un grand diamant brillant, forme en cœur, blanc, vif et net, pesant neuf karats un seize, estimé trente-six mille livres, ci.......	9 k. $\frac{1}{16}$	36,000
	No. 1 du premier fleuron, art. 4, inventaire 1774.		
28.	Un diamant brillant, ovale, d'eau un peu brune, ayant une forte glace noire sur le flanc, et mal net, pesant huit karats treize seize, estimé douze mille livres, ci.................	8 k. $\frac{13}{16}$	12,000
	De cette part.....		13,138,000

Nos.	DÉSIGNATION.	POIDS.	ESTIMATION.
	Report........		13,138,000tt
	No. 69 de l'art. 3, inventaire 1774.		
29.	Un diamant brillant, forme longue arrondie, blanc, vif et net, pesant huit karats dix seize, estimé trente-cinq mille livres, ci..	8 k. $\frac{10}{16}$	35,000
	No. 17 de l'art. 2, inventaire 1774.		
30.	Un diamant brillant, forme carrée arrondie, d'eau un peu jaune et mal net, pesant huit karats sept seize un trente-deuxième, estimé douze mille livres, ci..................	8 k. $\frac{7}{16}$ $\frac{1}{32}$	12,000
	No. 29 de l'art. 2, inventaire 1774.		
31.	Un grand diamant blanc, forme ovale alongée, vif et net, pesant huit karats sept seize, estimé vingt-cinq mille livres, ci.............	8 k. $\frac{7}{16}$	25,000
	No. 24 de l'art. 2, inventaire 1774.		
32.	Un diamant brillant, presque rond, blanc, vif et net, pesant huit		
	De cette part......		13,210,000
			karats

Nos.	DÉSIGNATION.	POIDS.	ESTIMATION.
	Report........		13,210,000tt
	karats sept seizes, estimé vingt-quatre mille liv., ci..................	8 k. $\frac{7}{16}$	24,000
	No. 46 de l'art. 3, inventaire 1774.		
33.	Un diamant brillant, carré, épais, émoussé, de bonne eau, vif et net, pesant huit karats trois seizes, estimé dix mille livres, ci........	8 k. $\frac{3}{16}$	10,000
	No. 45 de l'art. 2, inventaire 1774.		
34.	Un diamant brillant, forme en poire, blanc, vif et net, pesant huit karats un seize, estimé vingt-cinq mille livres, ci..................	8 k. $\frac{1}{16}$	25,000
	Faisant partie du no. 5 de l'art. 14, inventaire 1774.		
35.	Un diamant brillant, d'étendue, forme pendeloque, d'eau un peu verte, vif et mal net, pesant huit karats, estimé dix mille livres, ci..................	8 k.	10,000
	No. 1 du huitième fleuron, art. 4, inventaire 1774.		
36.	Un diamant brillant,		
	De cette part......		13,279,000

Nos.	DÉSIGNATION.	POIDS.	ESTIMATION.
	Report.		13,279,000tt
	carré arrondi, de mauvaise eau, et rempli de glaces, pesant sept karats onze seizes, estimé cinq mille liv., ci . .	7 k. $\frac{11}{16}$	5,000
	No. 80 de l'art. 4, inventaire 1774.		
37.	Un diamant brillant, forme ovale un peu long, d'eau un peu jaune, vif et net, pesant sept karats dix seizes, estimé dix mille livres, ci. . . .	7 k. $\frac{10}{16}$	10,000
	No. 28 de l'art. 2, inventaire 1774.		
38.	Un diamant brillant, forme longue, bas du dessus, épais du fond, de couleur un peu vinaigre, vif et net, pesant sept karats neuf seizes, estimé douze mille livres, ci.	7 k. $\frac{9}{16}$	12,000
	No. 20 de l'art. 2, inventaire 1774.		
39.	Un diamant brillant, ovale alongé, de bonne eau, vif et net, pesant sept karats sept seizes, estimé vingt mille livres, ci.	7 k. $\frac{7}{16}$	
	No. 22 de l'art. 2, inventaire 1777		20.000
	De cette part.		13,326,000

Nos.	DÉSIGNATION.	POIDS.	ESTIMATION.
	Report.		13,326,000tt
40.	Un diamant brillant, d'étendue, de forme ovale, de bonne eau et net, pesant sept karats sept seize, estimé trente mille livres, ci. . . . . . . No. 13 de l'art. 2, inventaire 1774.	7 k. $\frac{7}{16}$	30,000
41.	Un diamant brillant, forme en pendeloque, blanc et net, pesant sept karats six seizes, estimé vingt-quatre mille livres, ci. . . . . . . Faisant partie du no. 5, art. 10, inventaire 1774.	7 k. $\frac{6}{16}$	24,000
42.	Un diamant brillant, carré-long, arrondi, de bonne eau et mal net, pesant sept karats deux seizes, estimé douze mille livres, ci. . . . . . . No. 59 de l'art. 3, inventaire 1774.	7 k. $\frac{2}{16}$	12,000
43.	Un grand diamant brillant, fort étendu, forme carrée, à huit pans, d'eau un peu jaune, vif et net, ayant plusieurs égrisures sur le bord du filetis, pesant sept karats deux seizes,		
	De cette part.		13,402,000

Nos.	DÉSIGNATION.	POIDS.	ESTIMATION.
	Report........		13,402,000tt
	estimé dix mille livres, ci..................	7 k. 2/16	10,000
	No. 19 de l'art. 2, inventaire 1774.		
44.	Un diamant brillant, forme pendeloque, alongée, blanc, vif et net, pesant sept karats un seize, estimé vingt mille livres, ci............	7 k. 1/16	20,000
	No. 10 de l'art. 3, inventaire 1774.		
45.	Un diamant brillant, carré à huit pans, épais, d'eau un peu jaune et net, pesant sept karats, estimé huit mille livres, ci..................	7 k.	8,000
	Partie du no. 5, art. 16, inventaire 1774.		
46.	Un diamant brillant, fort étendu, forme carrée à huit pans, d'eau un peu jaune, vif et net, ayant plusieurs égrisures au bord du filetis, pesant sept karats, estimé dix mille livres, ci..................	7 k.	10,000
	No. 16 de l'art. 2, inventaire 1774.		
	De cette part.....		13,450,000

Nos.	DÉSIGNATION.	POIDS.	ESTIMATION.
	Report........		13,450,000tt
47.	Un grand diamant brillant, fort étendu, carré arrondi, de bonne eau, vif et net, pesant six karats quatorze seize, estimé vingt-quatre mille livres, ci.......	6 k. $\frac{14}{16}$	24,000
	No. 6 de l'art. 6, inventaire 1774.		
48.	Un diamant brillant, forme en pendeloque, blanc, vif et net, pesant six karats quatorze seize, estimé vingt mille livres, ci..................	6 k. $\frac{14}{16}$	20,000
	Partie du no. 5 de l'art. 14, inventaire 1774.		
49.	Un diamant brillant ovale, manquant de pierre d'un coin, d'eau un peu laiteuse, et dépoli, pesant six karats quatorze seizes, estimé dix mille livres, ci....	6 k. $\frac{14}{16}$	10,000
	No. 5, art. 16, inventaire 1774.		
	Nota. A été observé de la part du sieur Menière, que ce diamant ne se trouvoit dépoli que parce qu'il a servi à la première clef de la		
	De cette part......		13,504,000

Nos.	DÉSIGNATION.	POIDS.	ESTIMATION.
	Report.		13,504,000tt
	chaîne de montre du Roi.		
50.	Un diamant brillant, forme carrée arrondie, d'eau fort brune, vif et net, pesant six karats quatorze seizes, estimé six mille livres, ci. . . .	6 k. $\frac{14}{16}$	6,000
	N°. 40 de l'art. 2, inventaire 1774.		
51.	Un diamant brillant, forme olive, de bonne eau et mal net, pesant six karats onze seizes, estimé douze mille liv., ci.	6 k. $\frac{11}{16}$	12,000
	N°. 1 du vingtième fleuron, art. 4, inventaire 1774.		
52.	Un diamant brillant, forme pendeloque, de première eau crystaline, vif et net, pesant six karats cinq seizes, estimé dix-huit mille liv., ci.	6 k. $\frac{5}{16}$	18,000
	N°. 1 du vingtième fleuron de l'art. 4, inventaire 1774.		
53.	Un diamant brillant, forme losange arrondie, d'eau brune et net, pesant six karats quatre		
	De cette part.		13,540,000

Nos.	DÉSIGNATION.	POIDS.	ESTIMATION.
	Report		13,540,000ll
	seizes, estimé sept mille livres, ci	6 k. $\frac{4}{16}$	7,000
	Faisant partie du no. 2, art. 10, inventaire 1774.		
54.	Un diamant brillant, carré arrondi, d'eau un peu jaune, ayant une glace au bord du filletis, pesant six karats quatre seizes, estimé six mille livres, ci	6 k. $\frac{4}{16}$	6,000
	No. 23 de l'art. 3, inventaire 1774.		
55.	Un diamant brillant, ovale, de bonne eau et mal net, ayant une glace sur le bord du filletis, pesant six karats trois seizes, estimé dix mille livres, ci	6 k. $\frac{3}{16}$	10,000
	No. 61, art. 3, inventaire 1774.		
56.	Un diamant brillant, forme à chapeau, à cinq pans, de bonne eau, avec glaces et points noirs, pesant six karats trois seizes, estimé six mille livres, ci	6 k. $\frac{3}{16}$	6,000
	De cette part		13,569,000

No.	DÉSIGNATION.	POIDS.	ESTIMATION.
	Report.		13,569,000 ₶
	Partie du no. 8, art. 9, inventaire 1674.		
57.	Un diamant brillant, forme ovale, de bonne eau, mal net, avec glace sur le bord du filletis, et point noir, pesant six karats deux seizes, estimé huit mille livres, ci............	6 k. $\frac{2}{16}$	8,000
	No. 97 de l'art. 3, inventaire 1774.		
58.	Un diamant brillant, fort étendu, ovale, blanc, avec glace noire d'un bout, et mal net, pesant six karats, estimé dix mille livres, ci...	6 k.	10,000
	No. 111 de l'art. 3, inventaire 1774.		
59.	Un diamant brilant, forme carrée arrondie, d'eau un peu jaune, et mal net, pesant six karats, estimé huit mille livres, ci............	6 k.	8,000
	No. 30 de l'art. 3, inventaire 1774.		
60.	Un diamant brillant, fort étendu, forme en cœur, blanc, pesant		
	De cette part.....		13,595,000

Nos.	DÉSIGNATION.	POIDS.	ESTIMATION.
	Report.		13,595,000tt
	cinq karats quatorze seizes, estimé dix-huit mille livres, ci.	5 k. 14/16	18,000
	No. 1 du quatrième fleuron, art. 4, inventaire 1774.		
61.	Un diamant brillant, forme ovale alongée, de bonne eau et mal net, pesant cinq karats quatorze seize, estimé quinze mille livres, ci.	5 k. 14/16	15,000
	No. 21 de l'art. 2, inventaire 1774.		
62.	Un diamant brillant, forme carrée arrondie, très-céleste et mal net, pesant cinq karats douze seizes, estimé huit mille livres, ci.	5 k. 12/16	8,000
	No. 1 du sixième fleuron, art. 4, inventaire 1774.		
63.	Un diamant brillant, forme ronde, d'eau un peu jaune, vif et net, pesant cinq karats dix seizes, estimé six mille livres, ci.	6 k. 10/16	6,000
	No. 5, art 8, inventaire 1774.		
64.	Un diamant brillant, forme pendeloque,		
	De cette part.		13,642,000

Nos.	DÉSIGNATION.	POIDS.	ESTIMATION.
	Report.		13,642,000#
	blanc, vif et net, pesant cinq karats huit seizes, estimé quinze mille livres, ci	5 k. $\frac{8}{16}$	15,000
	No. 12 de l'art. 3, inventaire 1774.		
65.	Un diamant brillant, d'étendue, carré émoussé, d'eau un peu jaune et net, pesant cinq karats huit seizes, estimé sept mille livres, ci . . .	5 k. $\frac{8}{16}$	7,000
	Partie du no. 5, art. 16, inventaire 1774.		
66.	Un diamant brillant, forme longue, arrondi des deux bouts, d'eau crystaline, vif et net, pesant cinq karats huit seizes, estimé douze mille livres, ci	5 k. $\frac{8}{16}$	12,000
	No. 2 du vingtième fleuron, art. 4, inventaire 1774.		
67.	Un grand diamant brillant, fort étendu, carré arrondi, de bonne eau, vif et mal net, pesant 5 karats six seizes, estimé douze mille liv., ci	5 k. $\frac{6}{16}$	12,000
	De cette part.		13,688,000

Nos.	DÉSIGNATION.	POIDS.	ESTIMATION.
	Report.......		13,688,000#
	No. 1 du septième fleuron, art. 4, inventaire 1774.		
68.	Un diamant brillant, carré, un peu long, arrondi, d'eau un peu couleur de rose, vif et net, pesant cinq karats six seizes, estimé huit mille livres, ci.......	5 k. $\frac{6}{16}$	8,000
	No. 36, art. 2, inventaire 1774.		
69.	Un diamant à table carrée, d'eau un peu laiteuse, vif et net, pesant cinq karats six seizes, estimé douze mille livres, ci.......	5 k. $\frac{6}{16}$	12,000
	No. 19, art. 2, inventaire 1774.		
70.	Un diamant brillant, forme carrée arrondie, d'eau un peu jaune et céleste, ayant une forte glace à l'un des bouts, pesant cinq karats deux seizes, estimé quatre mille livres, ci.......	5 k. $\frac{2}{16}$	4,000
	No. 140, art. 3, inventaire 1774.		
	Signé Thierry, Crecy, Menière, J. C. Loury, Landgraff, Bion, Christin, Delattre.		
	De cette part......		13,712,000

Nos.	DÉSIGNATION.	POIDS.	ESTIMATION.
	Report.		13,712,000tt
	Du premier Juillet.		
71.	Un diamant brillant, forme pendeloque, de bonne eau, vif et net, pesant cinq karats, estimé dix mille livres, ci.	9 k.	10,000
	Partie du no. 8, art. 9, inventaire 1774.		
72.	Un diamant brillant, presque rond, ayant un peu de couleur, vif et net, pesant cinq karats un seize, estimé six mille livres, ci.	5 k. $\frac{1}{16}$	6,000
	No. 98 de l'art 3, inventaire 1774.		
73.	Un diamant brillant, forme losange à huit pans, blanc, vif et net, dépoli, parce qu'il a servi à la queue du cachet de la montre du Roi, pesant cinq karats deux seizes, estimé cinq mille livres, ci.	5 k. $\frac{2}{16}$	5,000
	No. 43, art. 2, inventaire 1774.		
74.	Un diamant brillant, forme ovale, de bonne		
	De cette part.		13,733,000

Nos.	DÉSIGNATION.	POIDS.	ESTIMATION.
	Report......		13,[illegible],000tt
	eau, ayant une glace jaune au bord du [illegible]tis, et mal net, pesant cinq karats deux seizes, estimé huit mille livres, ci..................	5 k. $\frac{2}{16}$	8,000
	No. 125 de l'art. 3, inventaire 1774.		
75.	Un diamant brillant, forme ovale d'étendue, ayant un peu de couleur, vif et net, pesant cinq karats, estimé douze mille livres, ci.......	5 k.	12,000
	Partie du no. 6, art. 14, inventaire 1774.		
76.	Un diamant brillant, carré arrondi, presque rond, d'eau un peu laiteuse, mal net, avec plusieurs points noirs, pesant quatre karats quinze seizes, estimé six mille livres, ci...	4 k. $\frac{5}{16}$	6,000
	No. 26, art. 3, inventaire 1774.		
77.	Un diamant brillant, forme en poire, taillé à façettes, percé d'un bout, d'eau jaunâtre et mal net, pesant cinq		
	De cette part......		13,759,000

Nos.	DÉSIGNATION.	POIDS.	ESTIMATION.
	Report.		13,759,000ʉ
	karats, estimé quatre mille livres, ci.......	5 k.	4,000
	Partie du no. 2, art. 10, inventaire 1774.		
78.	Un diamant brillant, forme presque ronde, ayant une teinte de vinaigre et une petite glace au milieu de la table, pesant quatre karats quatorze seizes, estimé dix mille livres, ci.	4 k. $\frac{14}{16}$	10,000
	No. 1, art. 4, inventaire 1774.		
79.	Un diamant brillant, forme ovale, d'eau couleur de bois, vif et net, pesant quatre karats quatore seizes, estimé cinq mille livres, ci..	4 k. $\frac{14}{16}$	5,000
	Partie du no. 2, art. 10, inventaire 1774.		
80.	Un diamant brillant, forme pendeloque, d'eau crystaline, vif et net, pesant quatre karats douze seizes, estimé quinze mille livres, ci.	4 k. $\frac{12}{16}$	15,000
	Partie du no. 6, art. 14, inventaire 1774		
	De cette part.		13,793,000

Nos.	DÉSIGNATION.	POIDS.	ESTIMATION.
	Report.........		13,793,000tt
81.	Un diamant brillant, forme ovale, d'eau un peu jaune, vif et net, pesant quatre, karats douze seizes, estimé cinq mille livres, ci..	4 k. $\frac{12}{16}$	5,000
	No. 101 de l'art. 3, inventaire 1774.		
82.	Un diamant brillant, forme olive, de bonne eau, vif et net, pesant quatre karats onze seizes, estimé huit mille livres, ci.............	4 k. $\frac{11}{16}$	8,000
	No. 2 du sixième fleuron de l'art. 4, inventaire 1774.		
83.	Un diamant brillant, presque rond, d'eau un peu brune, vif et net, pesant quatre karats dix seizes, estimé trois mille livres, ci.......	4 k $\frac{10}{16}$	3,000
	No. 121 de l'art. 3, inventaire 1774.		
84.	Un diamant brillant, rond, d'eau céleste et mal net, pesant quatre karats dix seizes, estimé quatre mille livres, ci.	4 k. $\frac{10}{16}$	4,000
	No. 52 de l'art. 3, inventaire 1774.		
	De cette part......		13,813,000

Nos.	DÉSIGNATION.	POIDS.	ESTIMATION.
	Report		13,813,000lt
85.	Un diamant brillant, blanc, forme en poire, et net, pesant quatre karats dix seizes, estimé sept mille livres, ci ...	4 k. $\frac{10}{16}$	7,000
	Partie du no. 2 de l'art. 10, inventaire 1774.		
86.	Un diamant brillant, forme pendeloque, vif et mal net, pesant quatre karats huit seizes, estimé cinq mille livres, ci	4 k. $\frac{8}{16}$	5,000
	Partie du no. 8, art. 9, inventaire 1774.		
87.	Un diamant brillant, ovale, de bonne eau et mal net, ayant plusieurs points noirs, pesant quatre karats six seizes, estimé sept mille livres, ci	4 k. $\frac{6}{16}$	5,000
	No. 137 de l'art. 3, inventaire 1774.		
88.	Un diamant brillant, carré long arrondi, d'eau brune et net, pesant quatre karats cinq seizes, estimé trois mille livres, ci	4 k. $\frac{5}{16}$	3,000
	De cette part		13,833,000

Nos.	DÉSIGNATION.	POIDS.	ESTIMATION.
	Report		13,833,000tt
	No. 3 du dix-neuvième fleuron de l'art. 4, inventaire 1774.		
89.	Un diamant brillant, forme carré-long arrondi, d'eau un peu jaune et mal net, pesant quatre karats quatre seizes, estimé deux mille quatre cents livres, ci	4 k $\frac{4}{16}$	2,400
	No. 83 de l'art. 3, inventaire 1774.		
90.	Un diamant brillant, forme pendeloque, ayant un peu de couleur, vif et net, pesant quatre karats trois seizes, estimé cinq mille livres, ci	4 k. $\frac{3}{16}$	5,000
	Partie du huitième fleuron de l'art. 4, inventaire 1774.		
91.	Un diamant fort étendu, forme carrée arrondie, presque rond, de bonne eau et net, pesant quatre karats deux seizes, estimé dix mille livres, ci	4 k. $\frac{2}{16}$	10,000
	No. 38, art. 3, inventaire 1774.		
92.	Un diamant brillant,		
	De cette part		13,850,000

Nos.	DÉSIGNATION.	POIDS.	ESTIMATION.
	Report.......		13,850,400 ₶
	carré-allongé arrondi, d'eau brune et net, pesant quatre karats un seize, estimé trois mille livres, ci............	4 k. $\frac{1}{16}$	3,000
	No. 168 de l'art. 3, inventaire 1774.		
93.	Un diamant brillant, ovale long, arrondi, d'eau un peu jaune, vif et net, pesant quatre karats un seize, estimé trois mille livres, ci...	4 k. $\frac{1}{16}$	3,000
	No. 87, art. 3, inventaire 1774.		
94.	Un diamant brillant, forme ovale, presque rond, d'eau brune, et mal net, pesant quatre karats un seize, estimé trois mille livres, ci..	4 k. $\frac{1}{16}$	3,000
	No. 81 de l'art. 3, inventaire 1774.		
95.	Un diamant brillant, forme ovale, presque rond, d'eau brunâtre, vif et nét, pesant quatre karats, estimé trois mille livres, ci............	4 k.	3,000
	Partie du no. 3 de l'art. 10, inventaire 1774.		
	De cette part......		13,862,400

Nos.	DÉSIGNATION.	POIDS.	ESTIMATION.
	Report.		13,862,400tt
96.	Un diamant brillant, d'étendue, carré-long arrondi, d'eau un peu jaune, vif et net, pesant quatre karats, estimé trois mille livres, ci.	4 k.	3,000
	No. 2, art. 8, inventaire 1774.		
97.	Un diamant brillant, carré arrondi, d'eau un peu laiteuse, et mal net, pesant trois karats quatorze seizes, estimé quatre mille livres, ci.	3 k. $\frac{14}{16}$	4,000
	No. 34, art. 3, inventaire 1774.		
98.	Un diamant brillant, forme ronde, blanc et net, pesant trois karats quatorze seizes, estimé cinq mille livres, ci..	3 k. $\frac{14}{16}$	5,000
	No. 148 de l'art 3, inventaire 1774.		
99.	Un diamant brillant, forme carrée arrondie, de bonne eau et mal net, pesant trois karats quatorze seizes, estimé quatre mille livres, ci.	3 k. $\frac{14}{16}$	4,000
	Partie du no. 8, art. 9, inventaire 1774.		
	De cette part.		13,878,400

Nos.	DÉSIGNATION.	POIDS.	ESTIMATION.
	Report.........		13,878,400#
100.	Un diamant brillant, forme en poire, taillé en rose des deux côtés, percé d'un bout, de bonne eau et net, pesant trois karats douze seizes, estimé quinze cents livres, ci......	3 k. $\frac{12}{16}$	1,500
	Partie du no. 7 de l'art. 14, inventaire 1774.		
101.	Un diamant brillant, ovale alongé, d'eau un peu jaune, vif et net, pesant trois karats douze seizes, estimé trois mille livres, ci............	3 k. $\frac{12}{16}$	3,000
	No. 92, art. 3, inventaire 1774.		
102.	Un diamant brillant, forme en poire, taillé en rose des deux côtés, percé d'un bout, égrisé sur le bord du filletis, bonne eau et mal net, pesant trois karats neuf seizes, estimé deux mille livres, ci............	3 k. $\frac{9}{16}$	2,000
	Partie du no. 7 de l'art. 14, inventaire 1774.		
103.	Un diamant brillant, blanc, ovale, vif et net,		
	De cette part.......		13,884,900

Nos.	DÉSIGNATION.	POIDS.	ESTIMATION.
	Report.		13,884.900tt
	pesant trois karats neuf seizes, estimé cinq mille livres, ci............	3 k. $\frac{9}{16}$	5,000
	No. 33 de l'art. 3, inventaire 1774.		
104.	Un diamant brillant, blanc, forme ronde et net, pesant trois karats neuf seizes, estimé six mille livres, ci.......	3 k. $\frac{9}{16}$	6,000
	No. 40 de l'art. 3, inventaire 1774.		
105.	Un diamant brillant, carré arrondi, blanc, vif et net, pesant trois karats neuf seizes, estimé cinq mille livres, ci.................	3 k. $\frac{9}{16}$	5,000
	No. 96, art. 3, inventaire 1774.		
106.	Un diamant brillant, forme ovale arrondie, d'eau un peu jaune, vif et net, pesant trois karats treize seizes, estimé trois mille cinq cents livres, ci............	3 k. $\frac{13}{16}$	3,500
	No 131, art. 3, inventaire 1774.		
107.	Un diamant brillant,		
	De cette part......		13,904,400

Nos.	DÉSIGNATION.	POIDS.	ESTIMATION.
	Report		13,904,400 ᵗᵗ
	forme ovale, d'eau un peu brune, vif et net, pesant trois karats huit seizes, estimé deux mille quatre cents livres, ci.	3 k. $\frac{8}{16}$	2,400
	Partie du quatorzième fleuron de l'art. 4, inventaire 1774.		
108.	Un diamant brillant, forme ronde, d'eau un peu brune, vif et net, pesant trois karats six seizes, estimé deux mille livres, ci............	3 k. $\frac{6}{16}$	2,000
	No. 78 de l'art. 3, inventaire 1774.		
109.	Un diamant brillant, forme carrée arrondie, d'eau un peu jaune, et net, pesant trois karats six seizes, estimé deux mille quatre cents liv., ci.................	3 k. $\frac{6}{16}$	2,400
	Partie du huitième fleuron, art. 4, inventaire 1774.		
110.	Un diamant brillant, forme carrée allongée, arrondie, d'eau jaune, vif et net, pesant trois karats cinq seizes, estimé deux mille cinq cents livres, ci.......	3 k. $\frac{5}{16}$	2,500
	De cette part.....		13,913,700

Nos.	DÉSIGNATION.	POIDS.	ESTIMATION.
	Report		13,913,700#
111.	Un diamant brillant, forme carrée arrondie, de bonne eau et net, pesant trois karats cinq seizes, estimé trois mille livres, ci	3 k. $\frac{5}{16}$	3,000
	Partie de l'art. 5, inventaire 1774.		
112.	Un diamant brillant, carré arrondi, d'étendue, de bonne eau et net, pesant trois karats trois seizes, estimé trois mille cinq cents livres, ci	3 k. $\frac{3}{16}$	3,500
	Partie du no. 2, art. 10, inventaire 1774.		
113.	Un diamant brillant, carré-long arrondi, blanc et net, pesant trois karats deux seizes, estimé trois mille cinq cents livres, ci	3 k. $\frac{2}{16}$	3,500
	No. 56 de l'art. 3, inventaire 1774.		
114.	Un diamant brillant, forme carrée arrondie, d'eau un peu jaune, mal net, pesant trois karats cinq seizes, estimé deux mille cinq cents livres, ci	3 k. $\frac{5}{16}$	2,500
	De cette part		13,926,200

Nos.	DÉSIGNATION.	POIDS.	ESTIMATION.
	Report		13,926,200 ₶
	No. 54, art. 3, inventaire 1774.		
115.	Un diamant brillant, forme ovale arrondie, de bonne eau, et mal net, pesant trois karats deux seizes, estimé deux mille quatre cents liv., ci	3 k. $\frac{2}{16}$	2,400
	No. 113, art. 3, inventaire 1774.		
116.	Un diamant brillant, carré arrondi, de mauvaise eau et glaceux, pesant trois karats un seize, estimé deux mille livres, ci	3 k. $\frac{1}{16}$	2,000
	No. 71, art 3, inventaire 1774.		
117.	Un diamant brillant, carré allongé arrondi, blanc, vif et mal net, pesant trois karats un seize, estimé trois mille livres, ci	3 k. $\frac{1}{16}$	3,000
	Partie de l'article 5, inventaire 1774.		
118.	Un diamant brillant, forme ovale, presque rond, de bonne eau et mal net, pesant trois		
	De cette part		13,933,600

Nos.	DÉSIGNATION.	POIDS.	ESTIMATION.
	Report.......		13,933,600ᵗᵗ
	karats un seize, estimé trois mille livres, ci...	3 k. $\frac{1}{16}$	3,000
	No. 14, art. 8, inventaire 1774.		
119.	Un diamant brillant, forme à chapeau, blanc, vif et net, pesant deux karats quinze seizes, estimé trois mille livres, ci..................	2 k. $\frac{15}{16}$	3,000
	Partie du no. 3, art. 10, inventaire 1774.		
120.	Un diamant brillant, forme ovale, blanc, vif et net, pesant trois karats deux seizes, estimé trois mille livres, ci...	3 k. $\frac{2}{16}$	3,000
	No. 15, art. 8, inventaire 1774.		
121.	Un diamant brillant, forme en poire, taillé en rose des deux côtés, percé d'un bout, de bonne eau, vif et mal net, pesant trois karats, estimé neuf cent livres, ci..................	3 k.	900
	Partie du no. 7, art. 14, inventaire 1774.		
122.	Un diamant brillant, forme en poire, taillé		
	De cette part......		13,943,500

Nos.	DÉSIGNATION.	POIDS.	ESTIMATION.
	Report........		13,943,500#
	en rose des deux côtés, percé d'un bout, de bonne eau, vif et net, pesant deux karats quinze seizes, estimé quinze cents livres, ci.......	2 k. $\frac{15}{16}$	1,500
	Partie du no. 7, art. 14, inventaire 1774.		
123.	Un diamant brillant, forme ronde, d'eau brune et mal net, pesant deux karats quinze seizes, estimé mille liv., ci..................	2 k. $\frac{15}{16}$	1,000
	Partie de l'art. 5, inventaire 1774.		
124.	Un diamant brillant, carré alongé, arrondi, d'eau un peu jaune, vif et mal net, pesant trois karats, estimé douze cents livres, ci.......	3 k.	1,200
	Partie de l'art. 5, inventaire 1774.		
125.	Un diamant brillant, ovale, d'eau un peu brune, vif et net, pesant deux karats quatorze seizes, estimé quinze cents livres, ci.	2 k. $\frac{14}{16}$	1,500
	Partie de l'art. 5, inventaire 1774.		
	De cette part......		13,948,500

Nos.	DÉSIGNATION.	POIDS.	ESTIMATION.
	Report		13,948,500ᵗᵗ
126.	Un diamant brillant, carré émoussé, d'eau un peu brune, vif et net, pesant deux karats quatorze seizes, estimé douze cents livres, ci.	2 k. $\frac{14}{16}$	1,200
	Partie de l'art. 5, inventaire 1774.		
127.	Un diamant brillant, d'étendue, forme carrée alongée arrondie, de bonne eau, avec une glace qui prend d'un bout du filetis jusqu'au bord de la table, pesant deux karats treize seizes, estimé deux mille liv., ci.	2 k. $\frac{13}{16}$	2,000
	Partie du no. 2, art. 10, inventaire 1774.		
128.	Un diamant brillant, carré émoussé, presque rond, de bonne eau et net, pesant deux karats douze seizes, estimé deux mille cinq cents livres, ci.	2 k. $\frac{12}{16}$	2,500
	Partie du no. 2, art. 10, inventaire 1774.		
129.	Un diamant brillant, forme carrée arrondie, d'eau un peu jaune,		
	De cette part.		13,954,400

Nos.	DÉSIGNATION.	POIDS.	ESTIMATION.
	Report.........		13,954,400[#]
	mal net, pesant deux karats quatorze seizes, estimé deux mille liv., ci..................	2 k. $\frac{14}{16}$	2,000
	Partie du quatrième fleuron, art. 4, inventaire 1774.		
130.	Un diamant brillant, forme ronde, d'étendue, blanc, vif et net, pesant deux karats douze seizes, estimé trois mille livres, ci..................	2 k. $\frac{12}{16}$	3,000
	No. 119, art 3, invent. 1774.		
131.	Un diamant brillant, forme carrée alongée, arrondie, d'eau un peu jaune, vif et net, pesant deux karats douze seizes, estimé neuf cents livres, ci.............	2 k. $\frac{12}{16}$	900
	Partie de l'art. 8, inventaire 1774.		
132.	Un diamant brillant, forme carrée, émoussé, d'eau un peu jaune, vif et net, pesant deux karats onze seizes, estimé mille livres, ci.......	2 k. $\frac{11}{16}$	1,000
	Partie de l'art. 8, inventaire 1774.		
	Signé Thierry, Crecy, Menière, J. C. Loury, Landgraff, Bion, Christin, Delattre.		
	De cette part......		13,961,300

Nos.	DÉSIGNATION.	POIDS.	ESTIMATION.
	Report........		13,961,300#
	Du 2 Juillet 1791.		
133.	Un diamant brillant, forme ovale arrondie, de bonne eau, vif et net, pesant deux karats onze seizes, estimé deux mille livres, ci.............	2 k. $\frac{11}{16}$	2,000
	No. 7, art. 8, inventaire 1774.		
134.	Un diamant brillant, épais, carré, émoussé, d'eau un peu jaune, vif et net, pesant deux karats dix seizes, estimé sept cent livres, ci....	2 k. $\frac{10}{16}$	700
	No. 11, art. 8, inventaire 1774.		
135.	Un diamant brillant, épais, carré, émoussé, d'eau un peu jaune, vif et net, pesant deux karats dix seizes, estimé sept cent livres, ci....	2 k. $\frac{10}{16}$	700
	Partie du no. 47, art. 8, inventaire 1774.		
136.	Un diamant brillant, d'étendue, forme ronde, de bonne eau, mal net, pesant deux karats dix seizes, estimé deux mille		
	De cette part......		13,964,700

Nos.	DÉSIGNATION.	POIDS.	ESTIMATION.
	Report		13,964,700#
	livres, ci	2 k. $\frac{11}{16}$	2,000
	Partie de l'art. 5, inventaire 1774.		
137.	Un diamant brillant, d'étendue, rond, de bonne eau, rempli de bouillons et mal net, pesant deux karats dix seizes, estimé deux mille quatre cents livres, ci.	2 k. $\frac{10}{16}$	2,400
	No. 45, art. 3, inventaire 1774.		
138.	Un diamant brillant, carré arrondi, d'eau un peu jaune, vif et net, pesant deux karats dix seizes, estimé sept cents livres, ci	2 k. $\frac{10}{16}$	700
	Partie du no. 47, art. 8, inventaire 1774.		
139.	Un diamant brillant, forme carrée arrondie, de bonne eau, vif et mal net, pesant deux karats neuf seizes, estimé mille livres, ci...	2 k. $\frac{9}{16}$	1,000
	Partie de l'art. 5, inventaire 1774.		
140.	Un diamant brillant, forme carrée, émoussé, d'eau un peu jaune, vif		
	De cette part......		13,970,800

Nos.	DÉSIGNATION.	POIDS.	ESTIMATION.
	Report.		13,970,800tt
	et net, pesant deux karats neuf seizes, estimé mille livres, ci	2 k. $\frac{9}{16}$	1,000
	Partie du no. 2, art. 10, inventaire 1774.		
141.	Un diamant brillant, carré arrondi, de bonne eau et mal net, pesant deux karats neuf seizes, estimé quinze cents liv., ci	2 k. $\frac{9}{16}$	1,500
	Partie du quatorzième fleuron, art. 4, inventaire 1774.		
142.	Un diamant brillant, rond, de bonne eau, avec une glace jaune sur le bord du filetis, vif et net, pesant deux karats huit seizes, estimé douze cents livres, ci	2 k. $\frac{8}{16}$	1,200
	Partie du no. 47, art. 8, inventaire 1774.		
143.	Un diamant brillant, forme carrée, à coins arrondis, d'eau un peu jaune et mal net, pesant deux karats neuf seizes, estimé neuf cents livres, ci	2 k. $\frac{9}{16}$	900
	Partie du no. 47, art. 8, inventaire 1774.		
	De cette part.		13,975,400

Nos.	DÉSIGNATION.	POIDS.	ESTIMATION.
	Report.		13,975,400tt
144.	Un diamant brillant, épais, carré arrondi, de bonne eau et glaceux, vif, pesant deux karats huit seize, estimé mille livres, ci.	2 k. $\frac{8}{16}$	1,000
	Partie de l'art. 5, inventaire 1774.		
145.	Un diamant brillant, étendu, forme ronde, ayant un peu d'eau, mal net et vif, pesant deux karats neuf seizes, estimé quinze cents liv., ci.	2 k. $\frac{9}{16}$	1,500
	Partie du no. 7, art. 5, inventaire 1774.		
146.	Un diamant brillant, ovale, presque rond, d'eau un peu jaune, glaceux, pesant deux karats huit seizes, estimé trois cents livres, ci. . .	2 k. $\frac{8}{16}$	300
	Partie du no. 7, art. 5, inventaire 1774.		
147.	Un diamant brillant, ovale arrondi, de bonne eau, vif et mal net, pesant deux karats neuf seizes, estimé quinze cents livres, ci.	2 k. $\frac{9}{16}$	1,500
	De cette part.		13,979,700

N^os^.	DÉSIGNATION.	POIDS.	ESTIMATION.
	Report.		13,979,700tt
	Partie du n°. 5, art. 16, inventaire 1774.		
148.	Un diamant brillant, forme carrée arrondie, d'eau brune et mal net, pesant deux karats neuf seizes, estimé quatre cents livres, ci.	2 k. $\frac{9}{16}$	400
	Partie de l'art. 5, inventaire 1774.		
149.	Un diamant brillant, forme ronde, d'eau un peu jaune, mal net, pesant deux karats neuf seizes, estimé six cents livres, ci.	2 k. $\frac{9}{16}$	600
	Partie de l'art. 5, inventaire 1774.		
150.	Un diamant brillant, forme ovale, d'eau verdâtre et glaceux, pesant deux karats huit seizes, estimé six cents livres, ci.	2 k. $\frac{8}{16}$	600
	Partie de l'art. 5, inventaire 1774.		
151.	Un diamant brillant, ovale arrondi, blanc, vif et mal net, pesant deux karats huit seizes, estimé deux mille liv., ci.	2 k. $\frac{8}{16}$	2,000
	De cette part.		13,983,300

Nos.	DÉSIGNATION.	POIDS.	ESTIMATION.
	Report.		13,983,300tt
	Partie de l'art. 5, inventaire 1774.		
152.	Un diamant brillant, carré-long, d'eau céleste, vif et mal net, pesant deux karats huit seizes, estimé quinze cents liv., ci.	2 k. $\frac{8}{16}$	1,500
	Partie de l'art. 5, invenraire 1774.		
153.	Un diamant brillant, carré-long arrondi, de bonne eau, vif et net, pesant deux karats sept seizes, estimé quinze cents livres, ci.	2 k. $\frac{7}{16}$	1,500
	Partie de l'art. 7, inventaire 1774.		
154.	Un diamant brillant, ovale, presque rond, d'eau un peu jaune et mal net, pesant deux karats sept seizes, estimé mille livres, ci.	2 k. $\frac{7}{16}$	1,000
	Partie de l'art. 5, inventaire 1774.		
155.	Un diamant brillant, forme en poire, taillé en rose des deux côtés, percé d'un bout, blanc et net, pesant deux ka-		
	De cette part.		13,987,300

Nos.	DÉSIGNATION.	POIDS.	ESTIMATION.
	Report.........		13,987,300tt
	rats sept seizes, estimé sept cents livres, ci....	2 k. $\frac{7}{16}$	700
	Partie du no. 7, art. 14, inventaire 1774.		
156.	Un diamant brillant, d'étendue, carré-long arrondi, de bonne eau et mal net, pesant deux karats cinq seizes, estimé douze cents livres, ci..................	2 k. $\frac{5}{16}$	1,200
	Partie du dixième fleuron, art. 4, inventaire 1774.		
157.	Un diamant brillant, pendeloque, taillé en rose des deux côtés, percé d'un bout, d'eau un peu jaune, et net, pesant deux karats huit seizes, estimé cinq cents livres, ci............	2 k. $\frac{8}{16}$	500
	Partie du no. 3, art. 10, inventaire 1774.		
158.	Un diamant brillant, carré-long arrondi, de bonne eau, vif et net, pesant deux karats cinq seizes, estimé quinze cents livres, ci.......	2 k. $\frac{5}{16}$	1,500
	Partie de l'art. 5, inventaire 1774.		
	De cette part......		13,991,200

Nos.	DÉSIGNATION.	POIDS.	ESTIMATION.
	Report........		13,991,200
159.	Un diamant brillant, forme ovale, d'eau un peu brune, vif et net, pesant deux karats six seizes, estimé douze cents livres, ci.......	2 k. $\frac{6}{16}$	1,200
	Partie de l'art. 5, inventaire 1774.		
160.	Un diamant brillant, d'étendue, forme carrée arrondie, de bonne eau, vif et mal net, pesant deux karats neuf seizes, estimé dix-huit cents livres, ci.......	2 k. $\frac{9}{16}$	1,800
	Partie du no. 2, art. 12, inventaire 1774.		
161.	Un diamant brillant, forme carrée arrondie, d'eau un peu jaune et glaceux, pesant deux karats deux seizes, estimé sept cents livres, ci.................	2 k. $\frac{2}{16}$	700
	Partie de l'art. 5, inventaire 1774.		
162.	Un diamant brillant, forme ovale, blanc et net, pesant deux karats six seizes, estimé quinze cents livres, ci.......	2 k. $\frac{6}{16}$	1,500
	De cette part......		13,996,400

Nos.	DÉSIGNATION.	POIDS.	ESTIMATION
	Report.		13,996,400tt
	Partie du nº. 47, art. 8, inventaire 1774.		
163.	Un diamant brillant, forme carrée arrondie, d'eau un peu brune, ayant une forte glace sur le bord du filetis, pesant deux karats six seizes, estimé huit cents livres, ci.	2 k. $\frac{6}{16}$	800
	Partie de l'art. 5, inventaire 1774.		
164.	Un diamant brillant, forme ronde, d'eau un peu jaune, vif et net, pesant deux karats quatre seizes, estimé huit cents livres, ci.	2 k. $\frac{4}{16}$	800
	Partie de l'art. 5, inventaire 1774.		
165.	Un diamant brillant, forme carré-long arrondi, d'eau un peu jaune, vif et net, pesant deux karats cinq seizes, estimé douze cents livres, ci.	2 k. $\frac{5}{16}$	1,200
	Partie du nº. 2, art. 10, inventaire 1774.		
166.	Un diamant brillant, forme carrée arrondie,		
	De cette part.		13,999,200

Nos.	DÉSIGNATION.	POIDS.	ESTIMATION.
	Report.		13,999,200lt
	d'eau brune et un peu laiteuse, pesant deux karats quatre seizes, estimé sept cent livres, ci.	2 k. $\frac{4}{16}$	700
	Partie de l'art. 5, inventaire 1774.		
167.	Un diamant brillant, forme carrée arrondie, d'eau un peu jaune, vif et net, pesant deux karats quatre seizes, estimé neuf cents liv., ci.	2 k. $\frac{4}{16}$	900
	Partie de l'art. 5, inventaire 1774.		
168.	Un diamant brillant, forme carrée alongée, arrondie, d'eau un peu jaune, vif et mal net, pesant deux karats quatre seizes, estimé sept cents livres, ci.	2 k. $\frac{4}{16}$	700
	Partie de l'art. 5, inventaire 1774.		
169.	Un diamant brillant, forme carrée arrondie, d'eau un peu céleste, vif et net, pesant deux karats quatre seizes, estimé mille livres, ci. . .	2 k. $\frac{4}{16}$	1,000
	Partie du no. 47, art. 8, inventaire 1774.		
	De cette part.		14,002,500

Nos.	DÉSIGNATION.	POIDS.	ESTIMATION.
	Report.		14,002,500lt
170.	Un diamant brillant, forme ronde, de bonne eau glaceuse, pesant deux karats cinq seizes, estimé six cents livres, ci.	2 k. $\frac{5}{16}$	600
	Partie du n°. 48, art. 8, inventaire 1774.		
171.	Un diamant brillant, forme carrée arrondie, d'eau un peu jaune, vif et net, pesant deux karats quatre seizes, estimé sept cents livres, ci.	2 k. $\frac{4}{16}$	700
	Partie de l'art. 5, inventaire 1774.		
172.	Un diamant brillant, forme ronde, d'eau un peu jaune et mal net, pesant deux karats trois seizes, estimé neuf cents livres, ci.	2 k. $\frac{3}{16}$	900
	Partie de l'art. 5, inventaire 1774.		
173.	Un diamant brillant, forme carrée arrondie, d'eau un peu verte, céleste et glaceux, pesant deux karats quatre seizes, estimé sept cents livres, ci.	2 k. $\frac{4}{16}$	700
	De cette part.		14,005,400

Nos.	DÉSIGNATION.	POIDS.	ESTIMATION.
	Report......		14,005,400tt
	Partie de l'art. 5, inventaire 1774.		
174.	Un diamant brillant, forme ovale, de bonne eau, vif et net, pesant deux karats trois seizes, estimé quinze cents liv., ci..................	2 k. $\frac{3}{16}$	1,500
	No. 23 de l'art. 7, inventaire 1774.		
175.	Un diamant brillant, forme carrée arrondie, d'eau un peu céleste et net, pesant deux karats quatre seizes, estimé sept cents livres, ci....	2 k. $\frac{84}{16}$	700
	Partie de l'art. 5, inventaire 1774.		
176.	Un diamant brillant, d'étendue, forme carrée arrondie, mal net, pesant deux karats trois seizes, estimé mille liv., ci..................	2 k $\frac{3}{16}$	1,000
	Partie de l'art. 5, inventaire 1774.		
177.	Un diamant brillant, forme en poire, taillé en rose des deux côtés, et percé dans le bout, blanc et net, pesant		
	De cette part......		14,008,600

Nos.	DÉSIGNATION.	POIDS.	ESTIMATION.
	Report.		14,008,600tt
	deux karats quatre seizes, estimé sept cents livres, ci	2 k. $\frac{4}{16}$	700
	Partie du no. 7, art. 14, inventaire 1774.		
178.	Un diamant brillant, épais, forme carrée arrondie, d'eau jaunâtre, vif et mal net, pesant deux karats quatre seizes, estimé six cents livres, ci	2 k. $\frac{4}{16}$	600
	Partie du no. 47, art. 8, inventaire 1774.		
179.	Un diamant brillant, d'étendue, forme ronde, d'eau brune et mal net, pesant deux karats deux seizes, estimé huit cents livres, ci	2 k. $\frac{2}{16}$	800
	Partie du no. 47, art. 8, inventaire 1774.		
180.	Un diamant brillant, forme ovale, d'eau un peu jaune, glaceux, vif, pesant deux karats sept seizes, estimé mille livres, ci	2 k. $\frac{7}{16}$	1,000
	Partie de l'art. 5, inventaire 1774.		
181.	Un diamant brillant, forme ovale alongée,		
	De cette part.		14,001,700

Nos.	DÉSIGNATION.	POIDS.	ESTIMATION.
	Report........		14,011,700 ₶
	de bonne eau et mal net, pesant deux karats quatre seizes, estimé neuf cents livres, ci..	2 k. $\frac{4}{16}$	900
	Partie du no. 2, art. 12, inventaire 1774.		
182.	Un diamant brillant, d'étendue, forme ronde, de bonne eau et mal net, pesant deux karats trois seizes, estimé douze cents livres, ci.	2 k. $\frac{3}{16}$	1,200
	Partie de l'art. 5, inventaire 1774.		
183.	Un diamant brillant, forme carrée arrondie, d'eau brune et glaceux, pesant deux karats trois seizes, estimé cinq cents livres, ci............	2 k. $\frac{3}{16}$	500
	Partie de l'art. 5, inventaire 1774.		
184.	Un diamant brillant, forme carrée arrondie, d'eau un peu brune, vif et mal net, pesant deux karats trois seizes, estimé sept cents livres, ci..................	2 k. $\frac{3}{16}$	700
	Partie de l'art. 5, inventaire 1774.		
	De cette part......		14,015.000

Nos.	DÉSIGNATION.	POIDS.	ESTIMATION.
	Report........		14,015,000#
185.	Un diamant brillant, forme carrée arrondie, d'eau jaune, vif et net, pesant deux karats trois seizes, estimé sept cents livres, ci.............	2 k. $\frac{3}{16}$	700
	Partie du no. 47, art. 8, inventaire 1774.		
186.	Un diamant brillant, forme carrée alongée, arrondie, d'eau jaune et glaceux, pesant deux karats deux seizes, estimé sept cents livres, ci..................	2 k. $\frac{2}{16}$	700
	Partie du no. 47, art. 8, inventaire 1774.		
187.	Un diamant brillant, forme carrée alongée, émoussée, d'eau jaune, vif et net, pesant deux karats trois seizes, estimé cinq cents livres, ci..................	2 k. $\frac{3}{16}$	500
	Partie du no. 47, art. 8, inventaire 1774.		
188.	Un diamant brillant, d'étendue, forme carrée arrondie, d'eau un peu brune, vif et net, pesant deux karats un sei-		
	De cette part......		14,016.900

Nos.	DÉSIGNATION.	POIDS.	ESTIMATION.
	Report.		14,016,900tt
	ze, estimé sept cents livres, ci.	2 k. $\frac{1}{16}$	700
	Partie du no. 1, art. 12, inventaire 1774.		
189.	Un diamant brillant, forme ovale alongée, d'eau un peu jaune, vif et net, pesant deux karats un seize, estimé sept cents livres, ci. .	2 k. $\frac{1}{16}$	700
	Partie du no. 1, art. 12, inventaire 1774.		
190.	Un diamant brillant, d'étendue, forme carrée émoussée, d'eau un peu brune, vif et net, pesant deux karats un seize, estimé sept cents livres, ci.	2 k. $\frac{1}{16}$	700
	Partie de l'art. 5, inventaire 1774.		
191.	Un diamant brillant, carré-long arrondi, d'eau jaune, vif et net, pesant deux karats deux seizes, estimé huit cents livres, ci.	2 k. $\frac{2}{16}$	800
	Partie de l'art. 5, inventaire 1774.		
192.	Un diamant brillant, carré-long arrondi, de		
	De cette part.		14,019,800

Nos.	DÉSIGNATION.	POIDS.	ESTIMATION.
	Report.......		14,019,800 ₶
	bonne eau, vif et net, pesant deux karats un seize, estimé mille liv., ci.	2 k. $\frac{1}{16}$	1,000
	Partie de l'art. 5, inventaire 1774.		
193.	Un diamant brillant, forme presque ronde, d'eau jaune, vif et net, pesant deux karats deux seizes, estimé six cents livres, ci.	2 k. $\frac{2}{16}$	600
	Partie de l'art. 5, inventaire 1774.		
194	Un diamant brillant, forme carrée arrondie, d'eau un peu jaune et glaceux, pesant deux karats un seize, estimé cinq cents livres, ci. .	2 k. $\frac{1}{16}$	500
	Partie du n°. 48, art. 8, inventaire 1774.		
195.	Un diamant brillant, épais, forme carrée émoussée, d'eau un peu jaune, vif et net, pesant deux karats un seize, estimé six cents livres, ci.	2 k. $\frac{1}{16}$	600
	Partie du feptième fleuron, art. 4, inventaire 1774.		
	De cette part.....		14,022,500

Nos.	DÉSIGNATION.	POIDS.	ESTIMATION.
	Report.		14,022,500tt
196.	Un diamant brillant, forme carrée arrondie, d'eau jaune et net, pesant deux karats, estimé cinq cents livres, ci. .	2 k.	500
	Partie du no. 48, art. 8, inventaire 1774.		
197.	Un diamant brillant, forme carrée alongée, arrondie, d'eau jaune, vif et glaceux, pesant deux karats deux seizes, estimé six cents livres, ci.	2 k. $\frac{2}{16}$	600
	Partie du no. 48, art. 8, inventaire 1774.		
198.	Un diamant brillant, d'étendue, forme pendeloque, d'eau laiteuse, et net, pesant deux karats deux seizes, estimé cinq cents livres, ci. .	2 k. $\frac{2}{16}$	500
	Partie de l'art. 5, inventaire 1774.		
	Signé Thierry, Crecy, Menière, J. C. Loury, Landgraff, Bion, Christin, Delattre.		
	De cette part.		14,024,100

Nos.	DÉSIGNATION.	POIDS.	ESTIMATION.
	Report.......		14,024,100tt
	Du 4 Juillet 1791.		
199.	Un diamant brillant, d'étendue, forme ovale alongée, d'eau un peu céleste, mal net, pesant deux karats un seize, estimé huit cents livres, ci.	2 k. $\frac{1}{16}$	800
	Partie de l'art. 8, no. 48, inventaire 1774.		
200.	Un diamant brillant, d'étendue, forme carrée arrondie, d'eau brune et mal net, pesant un karat quinze seizes, estimé sept cents livres, ci.	1 k. $\frac{15}{16}$	700
	Partie de l'art. 5, inventaire 1774.		
201.	Un diamant brillant, forme ronde, de bonne eau, vif et net, pesant deux karats, estimé douze cents livres, ci. .	2 k.	1,200
	Partie du no. 8, art. 8, inventaire 1774.		
202.	Un diamant brillant, forme ronde, de bonne eau, rempli de glaces et crapauds noirs, pe-		
	De cette part......		14,026,800

N^os.	DÉSIGNATION.	POIDS.	ESTIMATION.
	Report........		14,026,800tt
	sant deux karats un seize, estimé quatre cents livres, ci.	2 k. $\frac{1}{16}$	400
	Partie du n°. 2. art. 10, inventaire 1774.		
203.	Un diamant brillant, d'étendue, forme carrée alongée, arrondie, d'eau un peu céleste, pesant deux karats, estimé mille livres, ci.	2 k.	1,000
	Partie de l'art. 5, inventaire 1774.		
204.	Un diamant brillant, forme presque ronde, de bonne eau, vif et net, pesant deux karats un seize, estimé douze cents livres, ci.	2 k. $\frac{1}{16}$	1,200
	Partie de l'art. 5, inventaire 1774.		
205.	Un diamant brillant, forme ovale alongée, d'eau un peu brune, rempli de glaces, pesant deux karats, estimé trois cents livres, ci.	2 k.	300
	Partie du n°. 48 de l'art. 8, inventaire 1774.		
206.	Un diamant brillant,		
	De cette part......		14,029,700

N.os.	DÉSIGNATION.	POIDS.	ESTIMATION.
	Report.		14,029,700tt
	forme ronde, d'eau céleste et mal net, pesant deux karats, estimé six cents livres, ci.	2 k.	600
	Partie du no. 65, art. 8, inventaire 1774.		
207.	Un diamant brillant, forme carrée alongée, arrondie, d'eau un peu jaune, vif et mal net, pesant deux karats, estimé six cents livres, ci.	2 k.	600
	Partie du no. 65, art. 8, inventaire 1774.		
208.	Un diamant brillant, d'étendue, forme ovale, d'eau un peu jaune et mal net, pesant deux karats, estimé sept cents livres, ci.	2 k.	700
	Partie du no. 65, art. 8, inventaire 1774.		
209.	Un diamant brillant, d'étendue, forme carrée arrondie, un peu jaune, vif et net, pesant deux karats un seize, estimé neuf cents livres, ci. .	2 k. $\frac{1}{16}$	900
	Partie du no. 65, art. 8, inventaire 1774.		
	De cette part.		14,032,500

Nos.	DÉSIGNATION.	POIDS.	ESTIMATION.
	Report.......		14,032,500#
210.	Un diamant brillant, d'étendue, forme ronde, de bonne eau, vif et net, pesant un karat quinze seizes, estimé mille livres, ci. . . . . Partie du no. 2, art. 12, inventaire 1774.	1 k. $\frac{15}{16}$	1,000
211.	Un diamant brillant, forme carré-long arrondi, de bonne eau, rempli de glaces et crapauds, pesant deux karats, estimé cinq cents livres, ci. . . . . Partie du nº. 3, art. 10, inventaire 1774.	2 k.	500
212.	Un diamant brillant, forme carré-long arrondi, de bonne eau et mal net, pesant deux karats, estimé six cents livres, ci. . . . . Partie de l'art. 5, inventaire 1774.	2 k.	600
213.	Un diamant brillant, d'étendue, forme carrée arrondie, d'eau un peu jaune, vif et net, pesant deux karats, estimé six cents livres, ci. . . Partie de l'article 5, inventaire 1774.	2 k.	600
	De cette part.....		14,035,200

N^os.	DÉSIGNATION.	POIDS.	ESTIMATION.
	Report.		14,035,200tt
214.	Un diamant brillant, blanc, forme carrée arrondie, vif et net, pesant deux karats, estimé neuf cents livres, ci. . . . . Partie de l'art. 7, inventaire 1774.	2 k.	900
215.	Un diamant brillant, forme carrée arrondie, de mauvaise eau et glaceux, pesant deux karats, estimé cinq cents livres, ci. . . . . Partie de l'art. 5, inventaire 1774.	2 k.	500
216.	Un diamant brillant, d'étendue, forme carrée arrondie, d'eau un peu céleste et mal net, pesant deux karats, estimé sept cents livres, ci. . . Partie de l'art. 5, inventaire 1774.	2 k.	700
217.	Un diamant brillant, d'étendue, forme carrée arrondie, d'eau un peu céleste, et pesant deux karats, estimé mille livres, ci. . . . . Partie de l'art. 5, inventaire 1774.	2 k.	1,000
	De cette part.		14,038,600

Nos.	DÉSIGNATION.	POIDS.	ESTIMATION.
	Report.		14,038,600tt
218.	Un diamant brillant, forme ovale, d'eau un peu jaune, vif et net, pesant un karat quatorze seizes, estimé six cents livres, ci.	1 k $\frac{14}{16}$	600
	Partie de l'art. 5, inventaire 1774.		
219.	Un diamant brillant, d'étendue, forme carrée arrondie, blanc et net, pesant un karat quatorze seizes, estimé neuf cents livres, ci.	1 k. $\frac{14}{16}$	900
220.	Un diamant brillant, d'étendue, forme carrée alongée, de bonne eau, vif et mal net, pesant un karat douze seizes, estimé six cents livres, ci.	1 k. $\frac{12}{16}$	600
221.	Un diamant brillant, d'étendue, forme carrée alongée, arrondie, blanc, vif et mal net, pesant un karat treize seizes, estimé huit cents livres, ci.	1 k. $\frac{13}{16}$	800
222.	Un diamant brillant, d'étendue, forme ronde, blanc et glaceux, pesant		
	De cette part.		14,041,500

Nos.	DÉSIGNATION.	POIDS.	ESTIMATION.
	Report......		14,041,500tt
	un karat douze seizes, estimé huit cents livres, ci..................	1 k. $\frac{12}{16}$	800
223.	Un diamant brillant, forme ovale, presque ronde, d'étendue, blanc et net, pesant un karat onze seizes, estimé huit cents livres, ci.	1 k. $\frac{11}{16}$	800
224.	Un diamant brillant, forme ronde, blanc, vif, ayant une glace rouge au bord du filetis, pesant un karat quatorze seizes, estimé neuf cents livres, ci.	1 k. $\frac{14}{16}$	900
225.	Un diamant, forme en poire, taillé en rose des deux côtés, percé d'un bout, blanc et net, pesant un karat quinze seizes, estimé sept cents livres, ci.	1 k. $\frac{15}{16}$	700
226.	Un diamant, forme en poire, taillé en rose des deux côtés, percé d'un bout, de bonne eau et net, pesant un karat treize seizes, estimé six cents livres, ci.	1 k. $\frac{13}{16}$	600
	De cette part.....		14,045,300

N^os^.	DÉSIGNATION.	POIDS.	ESTIMATION.
	Report........		14.045,300#
227.	Un diamant brillant, forme carrée arrondie, de bonne eau, vif et mal net, pesant un karat treize seizes, estimé sept cents livres, ci.	1 k. $\frac{13}{16}$	700
228.	Un diamant brillant, forme carrée arrondie, de bonne eau, vif et net, pesant un karat quinze seizes, estimé huit cents livres, ci. . .	1 k. $\frac{15}{16}$	800
229.	Un diamant brillant, forme ovale, presque rond, de bonne eau, vif et net, pesant un karat quatorze seizes, estimé sept cents livres, ci.	1 k. $\frac{14}{16}$	700
230.	Un diamant brillant, forme ovale alongée, de bonne eau, vif et net, pesant un karat douze seizes, estimé sept cents livres, ci. . .	1 k. $\frac{12}{16}$	700
231.	Un diamant brillant, forme ovale, d'eau un peu brune et mal net, pesant un karat onze seizes, estimé cinq cents livres, ci.	1 k. $\frac{11}{16}$	500
	De cette part......		14,048,700

Nos.	DÉSIGNATION.	POIDS.	ESTIMATION.
	Report.		14,048,700tt
232.	Un diamant brillant, forme carrée arrondie, de bonne eau, vif et net, pesant un karat onze seizes, estimé six cents livres, ci.	1 k. $\frac{14}{16}$	600
233.	Un diamant brillant, forme carrée arrondie, blanc, vif et net, pesant un karat quatorze seizes, estimé neuf cents livres, ci.	1 k. $\frac{14}{16}$	900
234.	Un diamant brillant, forme carrée alongée, arrondie, de bonne eau et mal net, pesant un karat onze seizes, estimé six cents livres, ci. . .	1 k. $\frac{11}{16}$	600
235.	Un diamant, forme en poire longue, taillée en rose des deux côtés, percé d'un boût, ayant un cran sur l'une des faces, pesant un karat neuf seizes, estimé cinq cents livres, ci.	1 k. $\frac{9}{16}$	500
236.	Un diamant brillant, d'étendue, forme ovale, presque rond, d'eau un peucéleste,avecplusieurs points noirs, égrisé sur		
	De cette part.		14,051,300

Nos.	DÉSIGNATION.	POIDS.	ESTIMATION.
	Report.		14,051,300tt
	le bord du filetis, pesant un karat dix seizes, estimé sept cents livres, ci.	1 k. $\frac{10}{16}$	700
237.	Un diamant brillant, d'étendue, forme carrée arrondie, blanc et net, pesant un karat neuf seizes, estimé mille liv., ci.	1 k. $\frac{9}{16}$	1,000
238.	Un diamant brillant, d'étendue, forme ovale, blanc, vif et net, pesant un karat dix seizes, estimé mille livres, ci. .	1 k. $\frac{10}{16}$	1,000
239.	Un diamant brillant, d'étendue, forme carrée alongée, arrondie, de bonne eau, vif et net, pesant un karat sept seizes, estimé sept cents livres, ci.	1 k. $\frac{7}{16}$	700
240.	Un diamant brillant, d'étendue, forme carrée alongée, arrondie, de bonne eau, vif et net, pesant un karat neuf seizes, estimé huit cents livres, ci.	1 k. $\frac{9}{16}$	800
241.	Un diamant brillant,		
	De cette part.		14,055,500

Nos.	DÉSIGNATION.	POIDS.	ESTIMATION.
	Report......		14,055,500tt
	d'étendue, forme carrée alongée, arrondie, blanc, vif et net, pesant un karat neuf seizes, estimé mille livres, ci.	1 k. $\frac{9}{16}$	1,000
242.	Un diamant brillant, forme carrée alongée, arrondie, d'eau un peu verte et glaceux, pesant un karat huit seizes, estimé cinq cents livres, ci.	1 k. $\frac{8}{16}$	500
243.	Un diamant brillant, forme carrée arrondie, de bonne eau, vif et net, pesant un karat neuf seizes, estimé sept cents livres, ci.	1 k. $\frac{9}{16}$	700
244.	Un diamant brillant, forme ronde, de bonne eau et mal net, pesant un karat neuf seizes, estimé sept cents livres, ci.	1 k. $\frac{9}{16}$	700
245.	Un diamant brillant, forme carrée arrondie, de bonne eau, vif et net, pesant un karat neuf seizes, estimé huit cents livres, ci.	1 k. $\frac{9}{16}$	800
	De cette part.....		14,059,200

Nos.	DÉSIGNATION.	POIDS.	ESTIMATION.
	Report.		14,059,200tt
246.	Un diamant brillant, forme ovale, de bonne eau, vif et mal net, pesant un karat huit seizes, estimé sept cents livres, ci.	1 k. $\frac{8}{16}$	700
247.	Un diamant brillant, forme carrée arrondie, de bonne eau, vif et net, pesant un karat cinq seizes, estimé six cents livres, ci.	1 k. $\frac{5}{16}$	600
248.	Un diamant brillant, forme carrée alongée, arrondie, de bonne eau, vif et net, pesant un karat huit seizes, estimé sept cents livres, ci. .	1 k. $\frac{8}{16}$	700
249.	Un diamant brillant, forme ronde, de bonne eau, rempli de glaces et points noirs, pesant un karat neuf seizes, estimé six cents livres, ci.	1 k. $\frac{9}{16}$	600
250.	Un diamant brillant, forme ronde, de bonne eau, vif et mal net, et points noirs, pesant un karat sept seizes, estimé six cents livres, ci. . .	1 k. $\frac{7}{16}$	600
	De cette part.		14,062,400

Nos.	DÉSIGNATION.	POIDS.	ESTIMATION.
	Report.		14,062,400tt
251.	Un diamant brillant, forme ronde, de bonne eau, vif et mal net, pesant un karat huit seizes, estimé sept cents livres, ci.	1 k. $\frac{8}{16}$	700
252.	Un diamant brillant, forme carrée arrondie, de bonne eau, vif et net, pesant un karat cinq seizes, estimé cinq cents livres, ci.	1 k. $\frac{5}{16}$	500
	Signé Thierry, Crecy, Menière, J. C. Loury, Landgraff, Bion, Christin, Delattre.		
	Du 5 juillet.		
253.	Un diamant brillant, d'étendue, forme carrée arrondie, blanc, vif et net, pesant un karat cinq seizes, estimé six cents livres, ci.	1 k. $\frac{5}{16}$	600
254.	Un diamant brillant, d'étendue, carré arrondi, blanc, vif et net, pesant un karat quatre seizes, estimé six cents livres, ci.	1 k. $\frac{4}{16}$	600
	De cette part.		14,064,800

Nos.	DÉSIGNATION.	POIDS.	ESTIMATION.
	Report		14,064,800#
255.	Un diamant brillant, d'étendue, carré arrondi, blanc, vif et net, pesant un karat sept seizes, estimé sept cents livres, ci.	1 k. $\frac{7}{16}$	700
256.	Un diamant brillant, d'étendue, forme carrée arrondie, blanc, vif et mal net, pesant un karat cinq seizes, estimé quatre cents livres, ci. . .	1 k. $\frac{5}{16}$	400
257.	Un diamant brillant, d'étendue, carré arrondi, blanc, vif et net, pesant un karat six seizes, estimé sept cents livres, ci.	1 k. $\frac{6}{16}$	700
258.	Un diamant brillant, d'étendue, carré arrondi, blanc, vif et net, pesant un karat quatre seizes, estimé six cents livres, ci.	1 k. $\frac{4}{16}$	600
259.	Un diamant brillant, d'étendue, carré arrondi, blanc et mal net, pesant un karat sept seizes, estimé six cents livres, ci.	1 k. $\frac{7}{16}$	600
	De cette part		14,067,800

Nos.	DÉSIGNATION.	POIDS.	ESTIMATION.
	Report........		14,067,800#
260.	Un diamant brillant, d'étendue, carré arrondi, de bonne eau et glaceux, pesant un karat quatre seizes, estimé quatre cents livres, ci.	1 k. $\frac{4}{16}$	400
261.	Un diamant brillant, d'étendue, forme ovale, de bonne eau, vif et net, pesant un karat quatre seizes, estimé quatre cents livres, ci.	1 k. $\frac{4}{16}$	400
262.	Un diamant brillant, forme carrée arrondie, blanc et mal net, pe ant un karat quatre seizes, estimé cinq cents livres, ci.	1 k. $\frac{4}{16}$	500
263.	Un diamant brillant, d'étendue, forme carrée arrondie, de bonne eau, vif et net, pesant un karat quatre seizes, estimé cinq cents livres, ci................	1 k. $\frac{4}{16}$	500
264.	Un diamant brillant, forme carrée arrondie, de bonne eau, vif et net, pesant un karat six seizes, estimé six cents livres, ci.	1 k. $\frac{6}{16}$	600
	De cette part......		14,070,200

Nos.	DÉSIGNATION.	POIDS.	ESTIMATION.
	Report........		14,070,200tt
265.	Un diamant brillant, d'étendue, forme carrée arrondie, de bonne eau et mal net, pesant un karat cinq seizes, estimé cinq cents livres, ci. .	1 k. $\frac{5}{16}$	500
266.	Un diamant brillant, forme carré-long, arrondi, de bonne eau, vif et net, pesant un karat quatre seizes, estimé cinq cents livres, ci.	1 k. $\frac{4}{16}$	500
267.	Un diamant brillant, d'étendue, forme ovale, blanc, vif et net, pesant un karat cinq seizes, estimé six cents livres, ci.	1 k. $\frac{5}{16}$	600
268.	Un diamant brillant, d'étendue, forme ovale, blanc, vif et net, pesant un karat cinq seizes, ci.	2 k. $\frac{5}{16}$	600
269.	Un diamant brillant, forme carrée alongée, arrondie, de bonne eau et mal net, pesant un karat cinq seizes, estimé quatre cents cinquante livres, ci. . . .	1 k. $\frac{5}{16}$	450
	De cette part......		14,072,850

N^os.	DÉSIGNATION.	POIDS.	ESTIMATION.
	Report		14,072,850 ᵗᵗ
270.	Un diamant brillant, d'étendue, forme carrée arrondie, blanc, vif et mal net, pesant un karat sept seizes, estimé six cents livres, ci.	1 k. $\frac{7}{16}$	600
271.	Un diamant brillant, d'étendue, forme carré-long arrondi, de bonne eau, vif et net, pesant un karat quatre seizes, estimé cinq cents livres, ci.	1 k. $\frac{4}{16}$	500
272.	Un diamant, forme pendeloque, taillé en rose des deux côtés, percé d'un bout, de bonne eau, vif et net, pesant un karat cinq seizes, estimé cinq cents livres, ci.	1 k. $\frac{5}{16}$	500
273.	Un diamant, forme pendeloque alongée, taillé en rose des deux côtés, percé d'un bout, de bonne eau, vif et net, pesant un karat quatre seizes, estimé quatre cents livres, ci.	1 k. $\frac{4}{16}$	400
	De cette part		14,074,850

Nos.	DÉSIGNATION.	POIDS.	ESTIMATION.
	Report........		14,074,850tt
274.	Un diamant, forme pendeloque, taillé en rose des deux côtés, percé d'un bout, de bonne eau, vif et net, pesant un karat quatre seizes, estimé quatre cents livres, ci.	1 k. $\frac{4}{16}$	400
275.	Un diamant, forme pendeloque, taillé en rose des deux côtés, percé d'un bout, de bonne eau, vif et net, pesant un karat cinq seizes, estimé quatre cents livres, ci.	1 k. $\frac{5}{16}$	400
276.	Un diamant brillant, forme pendeloque, de bonne eau, vif et mal net, pesant un karat deux seizes, estimé quatre cents livres, ci.....	1 k. $\frac{2}{16}$	400
277.	Un diamant brillant, d'étendue, forme carrée-long, arrondi, d'eau un peu jaune, vif et net, pesant un karat quinze seizes, estimé sept cents livres, ci............	1 k. $\frac{15}{16}$	700
278.	Un diamant brillant, forme carrée arrondie,		
	De cette part......		14,076,750

N^{os}.	DÉSIGNATION.	POIDS.	ESTIMATION.
	Report.......		14,076,750^{tt}
	d'eau un peu jaune, vif et net, pesant un karat douze seizes, estimé quatre cents livres, ci..	1 k. $\frac{12}{16}$	400
279.	Un diamant brillant, forme carrée arrondie, d'eau un peu jaune, vif et net, pesant un karat treize seizes, estimé quatre cents liv., ci...	1 k. $\frac{13}{16}$	400
280.	Un diamant brillant, forme carré-long, d'eau un peu jaune, vif et net, pesant un karat quatorze seizes, estimé quatre cents livres, ci.......	1 k. $\frac{14}{16}$	400
281.	Un diamant brillant, carré arrondi, d'eau un peu jaune, vif et mal net, pesant un karat douze seizes, estimé quatre cents livres, ci..	1 k. $\frac{12}{16}$	400
282.	Un diamant, forme pendeloque, taillé en roses des deux côtés, percé d'un bout, de bonne eau, vif et mal net, pesant un karat treize seizes, estimé cinq cents livres, ci.......	1 k. $\frac{13}{16}$	500
	De cette part.....		14,078,850

Nos.	DÉSIGNATION.	POIDS.	ESTIMATION.
	Report........		14,078,850 ₶
283.	Un diamant brillant, forme carré-long, arrondi, d'eau un peu jaune, vif et mal net, pesant un karat sept seizes, estimé quatre cents livres, ci.......	1 k. $\frac{7}{16}$	400
284.	Un diamant brillant, forme carré-long arrondi, d'eau un peu jaune, ayant une glace au coin, pesant un karat huit seizes, estimé trois cents livres, ci............	1 k. $\frac{8}{16}$	300
285.	Un diamant brillant, forme ovale, d'eau un peu jaune, vif et mal net, pesant un karat neuf seizes, estimé quatre cents livres, ci....	1 k. $\frac{9}{16}$	400
286.	Un diamant brillant, forme ovale, d'eau un peu jaune, vif et mal net, pesant un karat huit seizes, estimé quatre cents livres, ci.......	1 k. $\frac{8}{16}$	400
287.	Un diamant brillant, forme pendeloque, d'eau un peu jaune, vif et net, pesant un karat neuf		
	De cette part......		14,080,350

Nos.	DÉSIGNATION.	POIDS.	ESTIMATION.
	Report.......		14,080,350tt
	seizes, estimé cinq cents livres, ci.............	1 k. $\frac{9}{16}$	500
288.	Un diamant brillant, forme pendeloque, d'eau un peu jaune, vif et net, pesant un karat sept seizes, estimé quatre cents livres, ci.............	1 k. $\frac{7}{16}$	400
289.	Un diamant brillant, forme pendeloque, d'eau jaune, mal net, pesant un karat quatre seizes, estimé trois cents livres, ci.................	1 k. $\frac{4}{16}$	300
290.	Un diamant brillant, d'étendue, forme carrée arrondie, d'eau un peu brune, et mal net, pesant un karat treize seizes, estimé quatre cents livres, ci.............	1 k. $\frac{13}{16}$	400
291.	Un diamant brillant, forme pendeloque, d'eau un peu brune et mal net, pesant un karat neuf seizes, estimé trois cents livres, ci.............	1 k. $\frac{9}{16}$	300
292.	Un diamant brillant, forme chapeau, de bonne eau et mal net, pesant		
	De cette part......		14,082,250

Nos.	DÉSIGNATION.	POIDS.	ESTIMATION.
	Report......		14,082,250#
	un karat trois seizes, estimé trois cents livres, ci..................	1 k. $\frac{3}{16}$	300
293.	Un diamant brillant, jaune, forme ovale, vif et mal net, pesant un karat quatre seizes, estimé trois cents livres, ci.................	1 k. $\frac{4}{16}$	300
294.	Un diamant brillant, d'étendue, forme carrée arrondie, d'eau un peu brune, vif et net, pesant un karat douze seizes, estimé quatre cents livres, ci............	1 k. $\frac{12}{16}$	400
295.	Un diamant brillant, d'étendue, forme carré-long arrondi, d'eau un peu brune, et net, pesant un karat douze seizes, estimé quatre cents livres, ci.......	1 k. $\frac{12}{16}$	400
296.	Un diamant brillant, d'étendue, forme carrée arrondie, d'eau un peu brune, vif et net, pesant un karat huit seizes, estimé trois cents livres, ci................	1 k. $\frac{8}{16}$	300
	De cette part.....		14,083,950

Nos.	DÉSIGNATION.	POIDS.	ESTIMATION.
	Report........		14,083,950ᵗᵗ
297.	Un diamant brillant, d'étendue, carré arrondi, d'eau un peu brune, vif et net, pesant un karat onze seizes, estimé quatre cents livres, ci..	1 k. $\frac{11}{16}$	400
298.	Un diamant brillant, d'étendue, forme carrée arrondie, d'eau un peu brune, vif et net, pesant un karat deux seizes, estimé trois cents livres, ci..................	1 k. $\frac{2}{16}$	300
299.	Un diamant brillant, d'étendue, forme carrée arrondie, d'eau un peu brune, vif et mal net, pesant un karat quatre seizes, estimé trois cents livres, ci.............	1 k. $\frac{4}{16}$	300
300.	Un diamant brillant, forme carré-long, arrondi, d'eau un peu jaune et mal net, pesant un karat quatre seizes, estimé trois cents liv., ci..	1 k. $\frac{4}{16}$	300
301.	Un diamant brillant, forme ronde, d'eau un peu brune, et mal net, pesant un karat deux seizes, estimé deux cents cinquante livres, ci....	1 k. $\frac{2}{16}$	250
	De cette part......		14,085,500

Nos.	DÉSIGNATION.	POIDS.	ESTIMATION.
	Report		14,085,500lt
302.	Un diamant brillant, forme carré-long, d'eau un peu brune, vif et mal net, pesant un karat, estimé deux cents liv., ci	1 k.	200
303.	Treize brillants, partie étendue, d'eau un peu jaune et brune, de mauvaise qualité, pesant ensemble treize karats huit seizes, estimés deux mille cent soixante liv., ci	13 k. $\frac{8}{16}$	2,160
	Estimés à 160 livres le karat.		
304.	Vingt-deux brillants, partie étendue, d'eau un peu jaune et brune, de mauvaise qualité, pesant ensemble dix-sept karats douze seizes, estimés 160 livres le karat, deux mille huit cents quarante livres, ci	17 k. $\frac{12}{16}$	2,840
305.	Quinze brillants, partie étendue et de différentes formes, de bonne eau, pesant ensemble dix karats quinze seizes, estimés à 200 liv. le karat, deux mille cent qua-		
	De cette part		14,090,700

Nos.	DÉSIGNATION.	POIDS.	ESTIMATION.
	Report.........		14,090,700ᵗᵗ ß
	tre-vingt-sept livres dix sols, ci..............	10 k. $\frac{15}{16}$	2,187 10
306.	Cent quinze brillants, d'étendue, d'eau un peu colorée, et glaceux, pesant ensemble soixante-quatre karats huit seizes, estimés à cent quatre-vingt livres le karat, onze mille six cents dix livres, ci.............	64 k. $\frac{8}{16}$	11,610
307.	Soixante-deux brillants, glaceux et étendus, pesant ensemble trente-quatre karats quatre seizes, estimés à cent soixante livres le karat, cinq mille quatre cents quatre-vingt liv., ci.................	34 k. $\frac{4}{16}$	5,480
308.	Cinquante-neuf brillants, d'étendue, colorés et glaceux, pesant ensemble seize karats douze seizes, estimés à cent soixante livres le karat, deux mille six cents quatre-vingt liv., ci.................	16 k. $\frac{12}{16}$	2,680
309.	Quarante-huit bril-		
	De cette part.......		14,112,657 10

Nos.	DÉSIGNATION.	POIDS.	ESTIMATION.
			₶ ß ₰
	Report.......		14,112,657 10
	lants, partie étendue et de différentes grosseurs, d'eau jaune et brune, de mauvaise qualité, pesant ensemble trente-deux karats treize seizes, estimés à cent trente liv. le karat, quatre mille deux cents soixante-cinq livres douze sols six deniers, ci...........	32 k. $\frac{13}{16}$	4,265 12 6
	Signé Thierry, Crecy, Menière, J. C. Loury, Landgraff, Bion, Christin, Delattre.		
	Du 6 juillet 1791.		
310.	Trente-deux diamants brillants, dont trois pendeloque, partie d'étendue, d'eau un peu jaune et de qualité médiocre, pesant ensemble vingt-deux karats douze seizes, à cent soixante-dix liv. le karat, estimés trois mille huit cents soixante-sept livres dix sols, ci.................	22 k. $\frac{12}{16}$	3,867 10
311.	Cent dix-sept diamants		
	De cette part......		14,120,790 12 6

Nos.	DÉSIGNATION.	POIDS.	ESTIMATION.
			₶ $ ß
	Report.........		14,120,790 12 6
	brillants, de bonne eau, dont quelques-uns ont des glaces et points noirs, pesant ensemble cinquante-sept karats six seizes, à deux cents liv. le karat, estimé onze mille quatre cents soixante-quinze livres, ci..................	57 k. $\frac{6}{16}$	11,475
312.	Cinq cents cinquante-six petits brillants, grosseur mêlée, de bonne eau, pesant ensemble 52 karats douze seizes, à cent soixante livres le karat, estimé huit mille quatre cents quarante livres, ci............	52 k. $\frac{12}{16}$	8,440
313.	Cent vingt-trois petits diamants brillants, de bonne eau, recoupés, pesant vingt-six karats quatorze seizes, à cent quatre-vingt livres le karat, estimé quatre mille huit cent trente-sept livres dix sols, ci..................	26 k. $\frac{14}{16}$	4,837 10
	Restant de ceux achetés en Hollande.		
	De cette part......		14,145,543 2 6

Nos.	DÉSIGNATION.	POIDS.	ESTIMATION.
			₶ ß ₰
	Report......		14,145,543 2 6
314.	Deux cents vingt-neuf menus brillants recoupés, de bonne eau, achetés en Hollande en 1789 pour les entourages des boutons du roi, pesant seize karats, à cent soixante livres le karat, deux mille cinq cents soixante livres, ci....	16 k.	2,560
315.	Trois cents quarante diamants roses, de bonne eau, pesant soixante-sept karats quatre seizes, à cent livres le karat, six mille sept cents vingt-cinq livres, ci........	67 k. $\frac{4}{16}$	6,725
316.	Une partie de roses de Hollande, de bonne eau, pesant cinquante karats dix seizes, à cent soixante livres le karat, huit mille cent livres, ci.................	50 k. $\frac{10}{16}$	8,100
317.	Un diamant demi-brillant, d'étendue, forme quarrée, émoussé, de bonne eau et mal net, pesant quatre karats un		
	De cette part......		14,162,928 2 6

Nos.	DÉSIGNATION.	POIDS.	ESTIMATION.
			tt ß 𝔡
	Report.		14,162,928 2 6
	seize, estimé cinq mille livres, ci.	4 k. $\frac{1}{16}$	5,000
	No. 39 de l'art. 2, inventaire 1774.		
318.	Un diamant rose, d'étendue, forme olive, blanc, vif et mal net, pesant trois karats sept seizes, estimé cinq mille livres, ci.	3 k. $\frac{7}{16}$	5,000
	No. 3 de l'art. 15, inventaire 1774.		
319.	Un diamant rose, forme carrée arrondie, ayant une forme égrisure au filetis, de bonne eau, rempli de glaces et crapauds, pesant trois karats quinze seizes, estimé douze cents livres, ci.	3 k $\frac{15}{16}$	1,200
	Partie du seizième fleuron, art. 4, inventaire 1774.		
320.	Un diamant rose, forme lozange, d'étendue, blanc, vif et mal net, ayant une glace au filetis, pesant trois karats quatorze seizes, estimé quatre mille livres, ci. .	3 k $\frac{14}{16}$	4,000
	De cette part.		14,178,126 2 6

Nos.	DÉSIGNATION.	POIDS.	ESTIMATION.
			# ß δ
	Report		14,178,126 2 6
	Partie du deuxième fleuron, art. 4, inventaire 1774.		
321.	Un diamant rose, d'étendue, forme pendeloque, mal formé, d'eau un peu jaune et mal net, dont les vives arrêtes sont dépolies, pesant trois karats, estimé trois mille six cents livres, ci.	3 k.	3,600
	Partie du deuxième fleuron, art. 4, inventaire 1774.		
322.	Un diamant rose, de grande étendue, forme chapeau, avec une table sur le dessus, d'eau un peu brune, vif et mal net, pesant vingt-un karats huit seizes, estimé vingt-cinq mille livres, ci.	21 k. $\frac{8}{16}$	25,000
	No. 2 de l'art. 3, inventaire 1774.		
323.	Un autre diamant rose de grande étendue, forme chapeau, avec une table sur le dessus, d'eau un peu brune, vif et mal net, pesant vingt-un karats six seizes, estimé		
	De cette part		14,206,728 2 6

Nos.	DÉSIGNATION.	POIDS.	ESTIMATION.
			₶ ß $\mathcal{S}$
	Report.........		14,206,728 2 6
	vingt-cinq mille livres, ci..................	21 k. $\frac{6}{16}$	25,000
	No. 1 de l'art. 3, inventaire 1774.		
324.	Un diamant rose, forme ovale alongée, coupé des deux bouts, de bonne eau, vif et mal net, pesant deux karats huit seizes, estimé mille liv., ci..................	2 k. $\frac{8}{16}$	1,000
	Partie de l'art. 5, inventaire 1774.		
325.	Un diamant rose, forme chapeau, d'étendue, vif et net, ayant des biseaux tout autour du filetis, blanc, vif et net, pesant deux karats onze seizes, estimé quinze cents livres, ci.......	2 k. $\frac{11}{16}$	1,500
	Partie du douzième fleuron, art. 4, inventaire 1774.		
326.	Un diamant rose, d'étendue, à six pans arrondis, d'eau un peu jaune, glaceux et mal net, pesant quatre karats quatre seizes, estimé douze cents livres, ci.......	4 k. $\frac{4}{16}$	1,200
	De cette part......		14,235,428 2 6

Nos.	DÉSIGNATION.	POIDS.	ESTIMATION.
			₶ ß ₰
	Report.		14,235,428 2 6
	Partie du quinzième fleuron, art. 4 dudit inventaire.		
327.	Un diamant rose, forme ovale, applati des deux flancs, d'eau un peu brune, rempli de crapauds, pesant cinq karats huit seizes, estimé douze cents livres, ci. . .	5 k. $\frac{8}{16}$	1,200
	No. 142, art. 3, inventaire 1774.		
328.	Un diamant brillant, fort épais, forme ovale, mal formée, et pointu des deux bouts, d'eau brune, rempli de glaces et crapauds, pesant dix karats neuf seizes, estimé neuf mille livres, ci. . .	10 k. $\frac{9}{16}$	9,000
	Partie du no. 3, art. 10, inventaire 1774.		
329.	Un diamant demi-brillant, forme olive alongée, d'étendue, blanc, vif et net, pesant trois karats treize seizes, estimé quatre mille liv., ci.	3 k. $\frac{13}{16}$	4,000
	No. 18 de l'art. 3, inventaire 1774.		
	De cette part.		14,249,628 2 6

Nos.	DÉSIGNATION.	POIDS.	ESTIMATION.
			₶ ß ₰
	Report......		14,249,628 2 6
330.	Un diamant demi-brillant, d'étendue, forme chapeau, blanc, vif et net, pesant trois karats, estimé trois mille livres, ci..........	3 k.	3,000
	Partie du neuvième fleuron de l'art. 4, inventaire 1774.		
331.	Un diamant demi-brillant, d'étendue, forme carrée alongée, arrondie, blanc, vif et net, pesant trois karats sept seizes, estimé quatre mille livres, ci........	3 k. $\frac{7}{16}$	4,000
	No. 32 de l'art. 2, inventaire 1774.		
332.	Un diamant demi-brillant, d'étendue, forme carrée alongée, arrondie, d'eau un peu céleste et net, pesant trois karats neuf seizes, estimé trois mille cinq cents livres, ci.......	3 k. $\frac{9}{16}$	3,500
	No. 38 de l'art. 2, inventaire 1774.		
333.	Un diamant demi-brillant, de grande étendue alongée, forme lozange à sept pans, d'eau		
	De cette part.....		14,260,128 2 6

Nos.	DÉSIGNATION.	POIDS.	ESTIMATION.
	Report........		# ß $ 14,260,128 2 6
	un peu brune, vif et mal net, pesant six karats quatorze seizes, estimé six mille livres, ci..	6 k. $\frac{14}{16}$	6,000
	No. 11 de l'art. 3, inventaire 1774.		
334.	Un diamant demi-brillant, d'étendue, forme carrée, à huit pans alongés, d'eau un peu aiguë-marine, vif et net, pesant quatre karats quatre seizes, estimé cinq mille liv., ci.....	4 k. $\frac{4}{16}$	5,000
	No. 37 de l'art. 2, inventaire 1774.		
335.	Un diamant demi-brillant, forme chapeau, d'étendue, de bonne eau, vif et mal net, pesant deux karats six seizes, estimé douze cents livres, ci............	2 k. $\frac{6}{16}$	1,200
	Partie du neuvième fleuron, art. 4, inventaire 1774.		
336.	Un grand diamant brillant, d'étendue, forme ovale très-alongée, ayant une forte égrisure sur un coin, d'eau brune,		
	De cette part......		14,272,328 2 6

Nos.	DÉSIGNATION.	POIDS.	ESTIMATION.
			₶ ß ₰
	Report........		14,272,328 2 6
	vif et net, pesant sept karats trois seizes, estimé huit mille livres, ci.	7 k. $\frac{3}{16}$	8,000
	No. 27 de l'art. 2, inventaire 1774.		
337.	Un diamant demi-brillant, de grande étendue, forme alongée, à six pans, d'eau un peu brune, vif et glaceux, pesant six karats dix seizes, estimé huit mille livres, ci............	6 k. $\frac{10}{16}$	8,000
	No. 13 de l'art. 3, inventaire 1774.		
338.	Un diamant rose, forme ronde, d'eau un peu jaune, glaceux et mal net, pesant deux karats dix seizes, estimé six cents livres, ci.......	2 k. $\frac{10}{16}$	600
	Partie		
339.	Un diamant rose, forme ronde, d'eau un peu jaune, glaceux et mal net, pesant trois karats, estimé six cents livres, ci.................	3 k.	600
	Partie		
	De cette part......		14,289,528 2 6

Nos.	DÉSIGNATION.	POIDS.	ESTIMATION.
			₶ ß ₰
	Report........		14,289,528 2 6
340.	Un diamant rose, d'étendue, forme ovale, mal formée, de bonne eau, vif et net, égrisé d'un bout, les vives arrêtes dépolies, pesant deux karats deux seizes, estimé six cents livres, ci..................	2 k. $\frac{2}{16}$	600
	Partie		
341.	Une rose blanche, vive et nette, pesant quinze seizes, estimée deux cents livres, ci...	$\frac{15}{16}$	200
	Achetée en Hollande en 1789 pour l'épée du Roi.		
342.	Une rose blanche, vive et nette, pesant quinze seizes, estimée deux cents livres, ci.......	$\frac{15}{16}$	200
	Achetée en Hollande en 1789, pour l'épée du Roi.		
343.	Un diamant brillant, d'étendue, forme ovale, manquant de pierre d'un coin, de bonne eau, vif, glaceux et points noirs, pesant deux karats treize seize, estimé quinze cents livres, ci..	2 k. $\frac{13}{16}$	1,500
	De cette part.......		14,292,028 2 6

Nos.	DÉSIGNATION.	POIDS.	ESTIMATION.
			tt ß ꝗ
	Report.		14,292,028 2 6
	Provenant du présent fait par Tippoo-Saïb.		
344.	Un diamant-rose, taille des Indes, forme carrée, alongée, arrondie, filetis brutés, de bonne eau et mal net, pesant deux karats quatorze seizes, estimé mille livres, ci	2 k. $\frac{14}{16}$	1,000
	Provenant du présent fait par les Indiens.		
345.	Une partie de diamans, laborat composée de quatre-vingt-quinze pierres, pesant trente-trois karats douze seizes, à cent livres le karat, trois mille trois cents soixante-quinze livres, ci	33 k. $\frac{12}{16}$	3,375
	Provenant du présent des Indiens.		
	Signé Thierry, Crecy, Menière, J. C. Loury, Landgraff, Bion, Christin, Delattre.		
	Du 7 Juillet.		
346.	Un très-grand diamant fort épais, taillé		
	De cette part.		14,296,403 2 6

Nos.	DÉSIGNATION	POIDS.	ESTIMATION.
			₶ ß ₰
	Report.		14,296,403 2 6
	à facette des deux côtés, avec deux petites tables de chaque côté, forme pendeloque, très-blanc, vif et net, parfait, monté en épingle, reconnu pour le *Sancy*, désigné dans l'inventaire 1774, art. 1, nº 2, être du poids de trente-trois karats douze seizes, ci . .	33 k. $\frac{12}{16}$	1,000,000
	Ce diamant n'a pu être vérifié sur le poids, étant monté.		
347.	Un grand diamant épais, carré-long arrondi, ayant la culasse large, blanc, vif et net, annoncé dans l'inventaire de 1774, art. 2, nº 1, peser vingt-huit karats six seizes, estimé deux cents cinquante mille livres, ci	28 k. $\frac{6}{16}$	250,000
	Le poids n'a pu être vérifié attendu qu'il est monté en chaton.		
348.	Un grand diamant brillant, appelé le *miroir de Portugal*, de forme carré-long arrondi, de bonne eau et net.		
	De cette part.		15,546,403 2 6

Nos.	DÉSIGNATION.	POIDS.	ESTIMATION.
			## s d
	Report.		15,546,403
	numéroté 4 sur la culasse, pesant vingt-un karats deux seizes, estimé deux cents cinquante mille livres, ci........	21 k. $\frac{2}{16}$	250,000
	Nota. Le poids n'a pu être vérifié, attendu qu'il est monté en chaton.		
	Il forme le no. 4 de l'art. 2, inventaire 1774.		
349.	Un grand diamant brillant, reconnu sous la dénomination du *dixième Mazarin*, assorti au no. ci-après, forme carrée-arrondie, de bonne eau, vif et mal net, fort épais, annoncé peser seize karats par l'inventaire de 1774, estimé cinquante mille livres, ci............	16 k.	50,000
	Le poids n'a pu être vérifié, ce diamant étant monté en boucle d'oreille à jour, forme lozange.		
	No. 9 de l'art. , inventaire 1774.		
350.	Un grand diamant brillant, assorti au no. 349, forme carrée, lozange, ayant un peu		
	De cette part.		15,846,403

Nos.	DÉSIGNATION.	POIDS.	ESTIMATION.
			₶ ß ₰
	Report.		15,846,403
	d'eau, vif et mal net, fort épais, monté en boucle d'oreille, reconnu peser par l'inventaire de 1774 dix-sept karats, et estimé cinquante mille livres, ci.	17 k.	50,000
	Le poids n'a pu être vérifié, attendu qu'il est monté.		
	Il forme le no. 11, de l'art. 2, inventaire 1774.		
351.	Un diamant demi-brillant, d'étendue, forme carrée-alongée, arrondie, de bonne eau, vif et mal net, monté en chaton, reconnu par l'inventaire de 1774 peser six karats douze seizes, et estimé huit mille liv., ci.	6 k. $\frac{12}{16}$	8,000
	Le poids n'a pu être vérifié, ce diamant étant monté.		
	Forme le no. 33 de l'art. 2, inventaire 1774.		
352.	Un diamant brillant, forme carrée-arrondie, d'eau un peu céleste, vif et net, monté à jour, en épingle, annoncé peser par l'inventaire de 1774 cinq karats dix		
	De cette part.		15,904,403

Nos.	DÉSIGNATION.	POIDS.	ESTIMATION.
			# ß 𝔡
	Report........		15,904,403
	seizes, et estimé sept mille livres, ci........	5 k. $\frac{10}{16}$	7,000
	Le poids n'a pas été vérifié, à cause de sa monture.		
	Forme le no. 42 de l'art. 2, inventaire 1774.		
353.	Un diamant demi-brillant, très-étendu, forme pendeloque, d'eau un peu brune, vif et mal net; il n'est pas désigné de poids dans l'inventaire de 1774, estimé trente mille liv., ci....	....	30,000
	L'on n'a pas désigné de poids à cause de sa monture.		
	Forme le no. 3 de l'art. 3, inventaire 1774.		
354.	Un diamant demi-brillant, très-étendu, forme pendeloque, d'eau un peu brune, vif et mal net; il n'est pas désigné de poids dans l'inventaire de 1774, et l'on n'a pu le vérifier attendu qu'il est monté, estimé trente-cinq mille livres, ci.................	....	35,000
	Forme le no. 4 de l'art. 3, inventaire 1774.		
	De cette part......		15,976,403

Nos.	DÉSIGNATION.	POIDS.	ESTIMATION.
			# ß g
	Report.		15,976,403
355.	Un diamant demi-brillant, étroit, très-long et d'environ un pouce, de bonne eau, glaceux, ayant une forte égrisure sur le coin; l'inventaire de 1774 n'indique aucun poids, et l'on n'a pu le désigner à cause de sa monture, estimé vingt mille livres, ci. .	. . . .	20,000
	No. 7 de l'art. 3, inventaire 1774.		
356.	Un diamant brillant, forme ovale, pointu des deux bouts, de bonne eau, vif et net, sans désignation de poids à l'inventaire de 1774, et auquel on n'a pu en donner, attendu qu'il est monté, estimé trente mille livres, ci.	. . . .	30,000
	Forme le no. 9 de l'art 3, inventaire 1774.		
357.	Un diamant brillant, d'étendue, forme à huit pans, de bonne eau, vif et mal net, ayant une forte glace au filetis, sans désignation de poids		
	De cette part.		16,026,403

N^os.	DÉSIGNATION.	POIDS.	ESTIMATION.
			₶ ß ₰
	Report......		16,026,403
	en l'inventaire de 1774, et auquel on n'a pu en donner, attendu qu'il est monté, estimé dix mille livres, ci........	....	10,000
	Forme le no. 37 de l'art. 3, inventaire 1774.		
358.	Un diamant rose, taillé à petites facettes, forme lozange, d'eau un peu céleste et mal net, d'étendue, sans désignation de poids à l'inventaire de 1774, et auquel on n'a pu en donner, attendu qu'il est monté en chaton, estimé vingt-quatre mille liv., ci...	....	24,000
	No. 60 de l'art 3, inventaire 1774.		
359.	Un grand diamant rose, ovale, très-étendu, de bonne eau, vif et mal net, sans désignation de poids, et auquel on n'a pu en donner attendu qu'il est monté en chaton, estimé trente-cinq mille livres, ci........	....	35,000
	Forme le no. 105 de l'art. 3, inventaire 1774.		
	De cette part.		16,095,403

Nos.	DÉSIGNATION.	POIDS.	ESTIMATION.
	Report.		16,095,403
360.	Un diamant rose, presqu'ovale, très-étendu, mal net, ayant une échancrure dans le coin le plus large, sans désignation de poids à l'inventaire de 1774; et attendu qu'il est monté en chaton, l'on n'a pu l'indiquer, estimé vingt-cinq mille livres, ci...	....	25,000
	Fait le no. 115 de l'art. 3, inventaire 1774.		
361.	Un diamant brillant, de grande étendue, forme à sept pans, blanc, vif et net, ayant une large culasse, sans désignation de poids en l'inventaire de 1774; et attendu qu'il est monté en chaton, l'on n'a pu l'indiquer, estimé quarante-cinq mille livres, ci...	....	45,000
	Forme le no. 135 de l'art 3, inventaire 1774.		
362.	Un diamant brillant, forme carrée-arrondie, blanc, vif et net, annoncé peser dix-sept karats deux seizes; ce poids n'a pas été vérifié,		
	De cette part.		16,165,403

N^os^.	DÉSIGNATION.	POIDS.	ESTIMATION.
			₶ ß ϑ
	Report.		16,165,403
	attendu que ce diamant est monté, estimé soixante mille livres, ci. .	17 k. $\frac{2}{16}$	60,000
	Fait le no. 1 de l'art. 11, inventaire 1774.		
363.	Un diamant brillant, forme carrée, un peu alongée, de bonne eau, vif et net, annoncé peser treize karats douze seizes; ce poids n'a pu être vérifié, attendu que ce diamant est monté, estimé cinquante mille livres, ci.	13 k. $\frac{12}{16}$	50,000
	No. 2 de l'art. 11, inventaire 1774.		
364.	Un diamant brillant, de grande étendue, forme carré arrondie, blanc, vif et net, sans désignation de poids dans l'*inventaire* de 1774, et auquel on n'a pu en donner, attendu que ce diamant est monté en chaton, estimé cent cinquante mille livres, ci.	. . . .	150,000
	No. 7 de l'art. 16, inventaire 1774.		
365.	Un grand diamant brillant, forme en poire,		
	De cette part.		16,425,403

Nos.	DÉSIGNATION.	POIDS.	ESTIMATION.
			₶ ß ₰
	Report........		16,425,403
	taillé en rose des deux côtés, percé d'un bout, d'eau crystaline, vif et net, pesant vingt-deux karats six seizes, estimé cent soixante mille liv., ci..................	22 k. $\frac{6}{16}$	160,000
	No. 3 de l'art. 4, inventaire 1774.		
366.	Un grand diamant brillant, forme en poire, taillé en rose des deux côtés, percé d'un bout, d'eau crystaline, vif, ayant une petite glace sur l'un des flancs, et assorti au no. 365, pesant dix-neuf karats douze seizes, estimé cent quarante mille liv., ci..................	19 k. $\frac{12}{16}$	140,000
	No. 4 de l'art 14, inventaire 1774.		
367.	Un diamant brillant, forme ovale, de bonne eau et mal net, ayant une égrisure au bord du filetis, pesant quatre karats cinq seizes, estimé cinq mille liv., ci..	4 k. $\frac{5}{16}$	5,000
	TOTAL........	....	16,730,403
	Signé Thierry, Crecy, Menière, J. C. Loury, Landgraff, Bion, Christin, Delattre.		

CHAPITRE II.

DES PERLES.

Du 8 Juillet 1791.

Nos.	DÉSIGNATION.	POIDS.	ESTIMATION.
1.	Une belle perle ronde, vierge, du plus bel orient possible, pesant vingt-sept karats cinq seizes, estimée deux cents mille livres, ci...	27 k. $\frac{5}{16}$	200,000 ₶
	No. 3 de l'art. 13, inventaire 1774.		
2.	Une perle d'orient, forme d'un œuf, percée, ayant un petit trou sur le bout le plus étroit, ayant plusieurs taches, pesant cent quarante-quatre grains, ci......	36 k. $\frac{5}{16}$	10,000
	Partie d'un collier de vingt-une perles n. 1 de l'art. 13, inventaire 1774.		
3.	Une perle d'un bel orient, forme ovale, mal formée, applatie des deux côtés, percée, pesant cent vingt-un grains, estimée dix mille livres, ci............	30 k. $\frac{4}{16}$	10,000
	Partie dudit collier, no. 1, art. 13, inventaire 1774.		
	De cette part......		220,000

N^os^.	DÉSIGNATION.	POIDS.	ESTIMATION.
	Report........		220,000^tt^
4.	Une perle d'un bel orient, forme un peu en poire, percée et onduleuse dans le milieu, avec plusieurs cavités autour de la perle, pesant quatre-vingt-douze grains deux seizes, estimée dix mille livres, ci..................	23 k. $\frac{2}{16}$	10,000
	Partie dudit collier, n°. 1 de l'art. 13, inventaire 1774.		
5.	Une belle perle d'un bel orient, presque ronde, percée, pesant quatre-vingt-cinq grains ou vingt-un karats quatre seizes, estimée six mille livres, ci............	21 k. $\frac{4}{16}$	6,000
	Partie dudit collier, n°. 1, art. 13, inventaire 1774.		
6.	Une perle de bel orient, forme ovale, applatie d'un bout, un peu onduleuse du bout applati, et quelques petites taches, ladite perle percée, pesant quatre-vingt-un grains ou vingt karats quatre seizes, estimée trois mille livres, ci.................	20 k. $\frac{4}{16}$	3,000
	De cette part......		239,000

Nos.	DÉSIGNATION.	POIDS.	ESTIMATION.
	Report........		239,000#
	Partie du collier, no. 1 de l'art. 13, inventaire 1774.		
7.	Une perle de bon orient, forme ovale, presque forme poire et percée, pesant quatre-vingt grains ou vingt karats, estimée trois mille livres, ci............	20 k.	3,000
	Partie dudit collier, no. 1 de l'art. 13, inventaire 1774.		
8.	Une perle d'orient, un peu plombée, ayant plusieurs cavités et taches, de forme ovale, mal formée et percée, pesant soixante-seize grains deux seizes ou dix-neuf karats deux seizes, estimée vingt mille livres, ci............	19 k. $\frac{2}{16}$	20,000
	Partie dudit collier, no. 1, art. 13, inventaire 1774.		
9.	Une perle plombée, ayant une tache brune d'un bout, de forme presque ronde et percée, pesant soixante-quatorze grains ou dix-huit karats huit seizes, estimée mille liv., ci...	18 k. $\frac{8}{16}$	1,000
	De cette part......		263,000

Nos.	DÉSIGNATION.	POIDS.	ESTIMATION.
	Report.		263,000tt
	Partie dudit collier, no. 1, art. 13, inventaire 1774.		
10.	Une perle de bel orient, forme ovale, presque ronde, ayant plusieurs cavités, morte d'un bout, et jaune, pesant soixante-dix grains ou dix-sept karats huit seizes, estimée quinze cents livres, ci.	17 k. $\frac{8}{16}$	1,500
	Partie dudit collier, no. 1, art. 13, inventaire 1774.		
11.	Une perle de bel orient, forme ovale, un peu plus plate d'un côté, et la partie plate un peu jaune, ladite percée, pesant soixante-six grains deux seizes ou seize karats dix seizes, estimée quinze cents liv., ci. . .	16 k. $\frac{10}{16}$	1,500
	Partie dudit collier, no. 1, art. 13, inventaire 1774.		
12.	Une perle d'un bel orient, forme baril, avec un cercle creux au milieu, ayant quelques petites taches et percée, pesant soixante-deux grains deux seizes ou		
	De cette part.		266,000

Nos.	DÉSIGNATION.	POIDS.	ESTIMATION.
	Report........		266,000tt
	quinze karats dix seizes, estimée mille liv., ci...	15 k. $\frac{10}{16}$	1,000
	Partie dudit collier, no. 1, art. 13, inventaire 1774.		
13.	Une perle, d'un côté de bon orient, de l'autre jaune, forme presque ronde, percée et éclatée d'un bout, pesant soixante-un grains deux seizes ou quinze karats six seizes, estimée huit cents livres, ci.......	15 k. $\frac{6}{16}$	800
	Partie dudit collier, no. 1, art. 13, inventaire 1774.		
14.	Une perle de bel orient, forme ovale presque ronde, un peu jaune d'un bout, pesant cinquante-neuf grains trois seizes, ou quatorze karats quinze seizes, estimée deux mille livres, ci.................	14 k. $\frac{15}{16}$	2,000
	Partie dudit collier, no. 1, art. 13, inventaire 1774.		
15.	Une perle de bel orient, forme ovale, applatie d'un bout, ayant une fêlure du côté du bout applati, ladite percée, pesant cinquante-		
	De cette part.....		269,800

Nos.	DÉSIGNATION.	POIDS.	ESTIMATION.
	Report.		269,800#
	quatre grains deux seizes ou treize karats dix seizes, estimée mille livres, ci	13 k. $\frac{10}{16}$	1,000
	Partie du no. 1, art. 13, inventaire 1774.		
16.	Une perle de bel orient, forme ovale, applatie d'un côté et percée, pesant cinquante-cinq grains trois seizes ou treize karats quinze seizes, estimée mille livres, ci	13 k. $\frac{15}{16}$	1,000
	Partie du no. 1, art. 13, inventaire 1774.		
17.	Une perle de bel orient, forme ronde, mal formée et percée, pesant cinquante-six grains deux seizes ou quatorze karats deux seizes, estimée mille livres, ci	14 k. $\frac{2}{16}$	1,000
	Partie du no. 1, de l'art. 13, inventaire 1774.		
18.	Une perle de bel orient, forme ovale, applatie d'un côté, ayant quelques taches, fendue d'un bout et percée, pe-		
	De cette part.		272,800

Nos.	DÉSIGNATION.	POIDS.	ESTIMATION.
	Report.........		272,800tt
	sant cinquante-un grains un seize ou douze karats quatorze seizes, estimée huit cents livres, ci....	12 k. $\frac{14}{16}$	800
	Partie dudit collier, no. 1, art. 13, inventaire 1774.		
19.	Une perle de bel orient, forme ronde, applatie d'un bout, ayant une tache plombée du côté du bout applati, pesant quarante-deux grains ou dix karats huit seizes, estimée six cents livres, ci.............	10 k. $\frac{8}{16}$	600
	Partie du no. 1, art. 13, inventaire 1774.		
20.	Une perle de bel orient, forme ovale, ayant quelques taches et percée, pesant quarante-un grains trois seizes ou dix karats sept seizes, estimée six cents livres, ci.............	10 k. $\frac{7}{16}$	600
	Partie du no. 1, art. 13, inventaire 1774.		
21.	Une perle de bel orient, forme en poire, le bout un peu plombé, avec plusieurs taches au-		
	De cette part......		274,800

Nos.	DÉSIGNATION.	POIDS.	ESTIMATION.
	Report........		274,800tt
	tour et percée, pesant quarante grains un seize ou dix karats un seize, estimée huit cents livres, ci....................	10 k. $\frac{1}{16}$	800
	Partie dudit collier, no. 1, art. 13, inventaire 1774.		
22.	Une perle de bel orient, forme en poire, applatie du petit bout, ayant deux fêlures et un peu jaune du petit bout, pesant trente-huit grains deux seizes ou neuf karats dix seizes, estimée six cents livres, ci.....	9 k. $\frac{10}{16}$	600
	Partie du collier, no. 1, art. 13, inventaire 1774.		
23.	Une perle ronde de bel orient, forme de bouton, plate d'un côté, percée de quatre trous, le côté percé plombé, pesant cent quatre-vingt-dix-huit grains ou quarante-neuf karats huit seizes, estimée quinze mille livres, ci.......	49 k. $\frac{8}{16}$	15,000
	No. 1 de l'art. 9, inventaire 1774.		
24.	Une perle de bel orient, forme en poire,		
	De cette part......		291,200

Nos.	DÉSIGNATION.	POIDS.	ESTIMATION.
	Report........		291,200#
	applatie d'un côté, la pointe un peu courbe, ayant plusieurs taches sous le dessous, percée d'un bout, pesant deux cents six grains ou cinquante-un karats cinq seizes, estimé vingt mille livres, ci............	51 k. $\frac{5}{16}$	20,000
	Partie du no. 1 de l'art. 10, inventaire 1774.		
25.	Une perle de bel orient, forme en poire, un peu courbée, plate d'un côté, avec plusieurs taches sur le côté plat, percée d'un bout, pesant cent soizante-seize grains ou quarante-trois karats quatorze seizes, estimée vingt mille liv., ci................	43 k. $\frac{14}{16}$	20,000
	No. 3 de l'art. 9, inventaire 1774.		
26.	Une perle de bel orient, forme ronde, plate d'un bout, étant un peu plombée du côté percé, pesant cent soixante-six grains deux seizes, ou quarante-un karats six seizes, estimée quinze mille livres, ci..	41 k. $\frac{6}{16}$	15,000
	De cette part......		346,200

Nos.	DÉSIGNATION.	POIDS.	ESTIMATION.
	Report.......		346,200tt
	No. 2 de l'art. 9, inventaire 1774.		
27.	Une perle de bel orient, forme en poire, applatie d'un côté, ayant deux trous au petit bout, lequel est plombé, pesant cent soixante-sept grains ou quarante-un karats douze seizes, estimée quinze mille liv., ci................	41 k. $\frac{12}{16}$	15,000
	Partie du no. 1, art. 10, inventaire 1774.		
28.	Une perle de bel orient, forme en poire, plate d'un côté, percée d'un bout et plombée du côté percé, pesant cent cinquante-huit grains ou trente-neuf karats huit seizes, estimée dix mille livres, ci.......	39 k. $\frac{8}{16}$	10,000
	Partie du no. 1, art. 10, inventaire 1774.		
29.	Une perle de bel orient, forme en poire, plate d'un côté, fêlée du petit bout, lequel est percé, pesant cent quarante-six grains deux seizes ou trente-six ka-		
	De cette part.......		371,200

Nos.	DÉSIGNATION.	POIDS.	ESTIMATION.
	Report.		371,200tt
	rats dix seizes, estimée douze mille liv., ci. . . .	36 k. $\frac{10}{16}$	12,000
	Partie du no. 3, art. 10, inventaire 1774.		
30.	Une perle de bel orient, forme en poire, à trois pans, plate des deux côtés, avec cavité d'un côté et plombée, avec une fêlure du gros bout, percée du petit bout, pesant cent vingt-huit grains un seize ou trente-deux karats un seize, estimée six mille livres, ci.	32 k. $\frac{1}{16}$	6,000
	Partie du no. 1, art. 10, inventaire 1774.		
31.	Une perle de bel orient, forme en poire, ayant quelques taches et percée d'un bout, pesant cent vingt-six grains deux seizes ou trente-un karats dix seizes, estimée quinze mille livres, ci. .	31 k. $\frac{10}{16}$	15,000
	Partie du no. 2, art. 10, inventaire 1774.		
32.	Une perle de bel orient, forme en poire, d'un côté applatie, ayant		
	De cette part.		404,200

Nos.	DÉSIGNATION.	POIDS.	ESTIMATION.
	Report.		404,200tt
	quelques taches et fêlée du gros bout, une autre petite fêlure du côté du percé, pesant cent dix-neuf grains ou vingt-neuf karats douze seizes, estimée six mille livres, ci..	29 k. 12/16	6,000
	Partie du no. 2, art. 10, inventaire 1774.		
33.	Une perle du plus bel orient, forme en poire, bien formée et tournée, ayant deux petits points blancs, percée du petit bout, le gros bout un peu mat, pesant cent dix-sept grains trois seizes ou vingt-neuf karats sept seizes, ci........	29 k. 7/16	
	No. 6, art. 9, inventaire 1774.		
34.	Une autre perle assortie à celle ci-dessus, de bel orient, forme en poire bien formée, percée d'un bout, et le plus gros un peu mat et ondé, pesant cent treize grains ou vingt-huit karats quatre seizes, ci..	28 k. 4/16	
	No. 5, art. 9, inventaire 1774.		
	De cette part.......		410,200

Nos.	DÉSIGNATION.	POIDS.	ESTIMATION.
	Report.		410,200#
	Les deux susdites perles estimées ensemble trois cents mille livres, ci.	. . . .	300,000
	Signé Thierry, Crecy, Menière, J. C. Loury, Landgraff, Bion, Christin, Delattre.		
	Du 9 Juillet 1791.		
35.	Une perle de bel orient, forme en poire, un peu courte et applatie d'un côté, ayant un petit trou dans la partie du bas, ladite percée, pesant cent vingt grains ou trente karats, estimée trois mille livres, ci. . . .	30 k.	3,000
	Partie du no. 2, art. 10, inventaire 1774.		
36.	Une perle de bel orient, forme en poire, ayant un petit bourlet sur la culasse, le gros bout un peu plombé, et la pointe avec plusieurs raies naturelles, pesant cent vingt-un grains ou trente karats quatre seizes, estimée cinq mille livres, ci.	30 k. $\frac{4}{16}$	5,000
	De cette part.		713,200

Nos.	DÉSIGNATION.	POIDS.	ESTIMATION.
	Report........		713,200ᵗᵗ
	Partie du nº. 2, art. 10, inventaire 1774.		
37.	Une perle de bel orient, forme en poire, ayant plusieurs taches, percée d'un bout auquel il y a une petite fêlure, un peu plombée du haut, pesant cent quarante-deux grains ou trente-cinq karats huit seizes, estimée dix mille livres, ci..................	35 k. $\frac{8}{16}$	10,000
	Partie du nº. 3, art. 10, inventaire 1774.		
38.	Une perle de bel orient, forme en poire, un peu courbée par le haut, le petit bout plombé, ayant plusieurs cavités dans le bout, et percée, pesant cent quatorze grains deux seizes ou vingt-huit karats dix seizes, estimée dix mille livres, ci....	28 k. $\frac{10}{16}$	10,000
	Nº. 5, art. 9, inventaire 1774.		
39.	Une perle de bel orient, en poire bien formée, une petite fê-		
	De cette part......		733,200

Nos.	DÉSIGNATION.	POIDS.	ESTIMATION.
	Report........		733,200#
	lure au petit bout, quelques petites ondulations audit bout, et percée, pesant quatre-vingt-dix-neuf grains deux seizes, ou vingt-quatre karats quatorze seizes, estimée avec celle qui suit.	24 k. $\frac{14}{16}$	
	Partie du no. 3, art. 10, inventaire 1774.		
40.	Une perle de bel orient, bien formée en poire, quelques petites ondulations avec de petits bouillons dans le bas, et percée, pesant quatre-vingt-dix grains deux seizes ou vingt-deux karats dix seizes, estimée avec celle ci-dessus trente-deux mille livres, ci............	22 k. $\frac{10}{16}$	32,000
	Partie du no. 3, art. 10, inventaire 1774.		
41.	Une perle de bel orient, forme en poire, un peu courte, le bout un peu nacré, ayant quelques petites ondulations, et percée, pesant cent cinq grains deux seizes ou vingt-six karats six seizes, ci....	26 k. $\frac{6}{16}$	
	De cette part......		765,200

Nos.	DÉSIGNATION.	POIDS.	ESTIMATION.
	Report........		765,200#
	Partie du no. 3. art. 10, inventaire 1774.		
42.	Une perle de bel orient, forme en poire, un peu courte, un peu applatie du côté du haut, avec une forte ondulation, le gros bout un peu mat, ladite percée, pesant cent deux grains ou vingt-cinq karats huit seizes, estimées ensemble trente-deux mille livres, ci.............	25 k. $\frac{8}{16}$	32,000
	Partie du no. 3, art. 10. inventaire 1774.		
43.	Une perle de bel orient, en poire un peu alongée, le petit bout un peu plombé, et percée d'un bout, pesant soixante-dix-sept grains ou dix-neuf karats quatre seizes, estimée cinq mille livres, ci.......	19 k. $\frac{4}{16}$	5,000
	Partie du no. 3, art. 10, inventaire 1774.		
44.	Une perle d'orient, un peu jaunâtre et percée, pesant cinquante-trois grains ou treize karats quatre seizes,		
	De cette part......		802,200

Nos.	DÉSIGNATION.	POIDS.	ESTIMATION.
	Report.......		802,200tt
	estimée quinze cents livres, ci..............	13 k. $\frac{4}{16}$	1,500
	Partie du no. 3, art. 10, inventaire 1774.		
45.	Une perle de bel orient, forme ovale, ayant une partie du haut plombée et tachée, ladite percée d'un bout, pesant cent quinze grains deux seizes ou vingt-huit karats quatorze seizes, estimée cinq mille livres, ci................	28 k. $\frac{14}{16}$	5,000
	Partie du no. 3. art. 10, inventaire 1774.		
46.	Une perle d'orient, un peu jaunâtre, forme en poire, applatie dans la partie du haut, le petit bout un peu plombé, ladite poire percée, pesant quatre-vingt-douze grains deux seizes ou vingt-trois karats deux seizes, estimée quinze cents livres, ci..	23 k. $\frac{2}{16}$	1,500
	Partie du no. 3, art. 10, inventaire 1774.		
47.	Une perle d'orient, moitié morte, jaune et plombée, de forme en		
	De cette part.....		810,200

Nos.	DÉSIGNATION.	POIDS.	ESTIMATION.
	Report		810,200tt
	poire, pesant cent quatre grains un seize ou vingt-six karats un seize, estimée six cents livres, ci..................	26 k. $\frac{1}{16}$	600
	Partie du no. 3, art. 10, inventaire 1774.		
48.	Une perle d'orient, plombée, forme en poire, col étranglé, avec plusieurs ondulations, percée et raccommodée avec un petit morceau de nacre, pesant soixante-dix grains deux seizes ou dix-sept karats dix seizes, estimée six cents livres, ci........	17 k. $\frac{10}{16}$	600
	Partie du no. 3, art. 10, inventaire 1774.		
	COLLIER DE LA REINE,		
	composé de vingt-cinq perles ci-après désignées.		
49.	Une perle de superbe orient, forme ovale, bien formée et percée, pesant quatre-vingt-treize grains ou vingt-trois karats quatre sei-		
	De cette part......		811,400

Nos.	DÉSIGNATION.	POIDS.	ESTIMATION.
	Report.......		811,400 ₶
	zes, estimée douze mille livres, ci.............	23 k. $\frac{4}{16}$	12,000
50.	Une perle de bel orient, forme ronde, ayant plusieurs petites taches blanches et des bouillons, ladite percée, pesant quatre-vingt grains ou vingt-deux karats, estimée huit mille livres, ci......	22 k.	8,000
	Partie de		
51.	Une perle de bel orient, forme ronde, un peu applatie des côtés percés, ayant plusieurs ondulations, lad. percée, pesant soixante-quatorze grains deux seizes ou dix-huit karats dix seizes, estimée six mille livres, ci........	18 k. $\frac{10}{16}$	6,000
52.	Une perle de bel orient, forme ronde, applatie du côté du percé, avec une tache jaunâtre, pesant soixante-seize grains ou dix-neuf karats, estimée six mille livres, ci.............	19 k.	6,000
	De cette part......		843,400

Nos.	DÉSIGNATION.	POIDS.	ESTIMATION.
	Report.......		843,400tt
53.	Une perle d'un bel orient, forme ronde, percée, pesant soixante-douze grains un seize, ou dix-huit karats un seize, estimée sept mille livres, ci............	18 k. $\frac{1}{16}$	7,000
54.	Une perle de bel orient, forme ronde, pesant soixante-quatorze grains deux seizes ou dix-huit karats dix seizes, estimée sept mille livres, ci............	18 k. $\frac{10}{16}$	7,000
55.	Une perle d'un orient mat, forme ronde, percée, ayant plusieurs petits points noirs et bouillons, pesant soixante-dix grains deux seizes ou dix-sept karats dix seizes, estimée trois mille livres, ci............	17 k. $\frac{10}{16}$	3,000
56.	Une perle de bel orient, forme ronde, éclatée d'un côté et applatie, percée, pesant soixante-dix grains deux seizes ou dix-sept karats dix seizes, estimée deux mille quatre cents livres, ci..................	17 k. $\frac{10}{16}$	2,400
	De cette part.....		862,800

Nos.	DÉSIGNATION.	POIDS.	ESTIMATION.
	Report.		862,800tt
57.	Une perle de bel orient, forme ronde, un peu pointue sur les côtés percés, pesant soixante-neuf grains ou dix-sept karats quatre seizes, estimée cinq mille livres, ci	17 k. $\frac{4}{16}$	5,000
58.	Une perle d'orient un peu matte, forme ronde, avec une côte au milieu, pesant cinquante-un grains ou douze karats douze seizes, estimée cinq mille livres, ci	12 k. $\frac{12}{16}$	5,000
59.	Une perle de bel orient, forme presque ronde, ayant une foible nuance jaune d'un côté, pesant soixante grains ou quinze karats, estimée quatre mille livres, ci	15 k.	4,000
60.	Une perle d'orient, un peu plombée, forme ronde un peu alongée, matte du côté du percé, ayant plusieurs taches et petits bouillons, pesant soixante-huit grains un seize ou dix-sept ka-		
	De cette part.		876,800

Nos.	DÉSIGNATION.	POIDS.	ESTIMATION.
	Report........		876,800ᵗᵗ
	rats un seize, estimée trois mille livres, ci...	17 k. $\frac{1}{16}$	3,000
61.	Une perle de bel orient, forme ronde, un peu pointue des côtés percés, ayant un côté au milieu avec quelques petites ondulations, pesant 56 grains trois seizes ou quatorze karats trois seizes, estimée trois mille livres, ci....	14 k. $\frac{3}{16}$	3,000
62.	Une perle de bel orient, forme ronde, formant côté au milieu, un peu plus plate d'un côté percé, pesant soixante-deux grains trois seizes ou quinze karats onze seizes, estimée quatre mille livres, ci..	15 k. $\frac{11}{16}$	4,000
63.	Une perle d'orient, un peu bleuâtre, avec une côte au milieu, pesant cinquante-huit grains ou quatorze karats huit seizes, estimée trois mille livres, ci........	14 k. $\frac{8}{16}$	3,000
64.	Une perle de bel orient, forme ronde, plate d'un côté des percés, ayant quelques pe-		
	De cette part......		889,800

Nos.	DÉSIGNATION.	POIDS.	ESTIMATION.
	Report.		889,800tt
	tites ondulations, pesant cinquante - cinq grains trois seizes ou treize karats quinze seizes, estimée deux mille quatre cents livres, ci.	13 k. $\frac{15}{16}$	2,400
65.	Une perle de bel orient, forme ronde, applatie d'un côté des percés, avec quelques petites taches rondes et bouillons, pesant soixante grains deux seizes ou quinze karats deux seizes, estimée deux mille livres, ci.	15 k. $\frac{2}{16}$	2,000
66.	Une perle de bel orient, forme ronde, ayant des ondulations et points blancs, pesant cinquante - cinq grains deux seizes ou treize karats quatorze seizes, estimée deux mille liv., ci.	13 k $\frac{14}{16}$	2,000
67.	Une perle de bel orient, forme ronde, ayant un petit éclat du côté du percé, pesant cinquante - un grains deux seizes ou douze karats quatorze seizes,		
	De cette part.		896,200

Nos.	DÉSIGNATION.	POIDS.	ESTIMATION.
	Report		896,200tt
	estimée seize cents liv., ci	12 k. $\frac{14}{16}$	1,600
68.	Une perle d'orient, un peu jaunâtre et glaceuse, forme ronde, pesant cinquante-deux grains un seize ou treize karats un seize, estimée mille livres, ci	13 k. $\frac{1}{16}$	1,000
69.	Une perle d'un bel orient, forme ronde, applatie des côtés, percée, ayant une glace au milieu, pesant cinquante grains trois seizes ou douze karats onze seizes, estimée mille liv., ci ...	12 k. $\frac{11}{16}$	1,000
70.	Une perle d'un bel orient d'un côté et jaune de l'autre, forme ronde, un peu applatie, pesant cinquante grains trois seizes ou douze karats onze seizes, estimée mille livres, ci	12 k. $\frac{11}{16}$	1,000
71.	Une perle d'un bel orient, ayant plusieurs glaces, de forme ronde, pesant quarante grains un seize ou dix karats un seize, estimée six cents livres, ci	10 k. $\frac{1}{16}$	600
	De cette part		901,400

Nos.	DÉSIGNATION.	POIDS.	ESTIMATION.
	Report.......		901,400tt
72.	Une perle de bel orient, forme ronde, un peu applatie des deux côtés, percée, étant éclatée d'un côté, pesant quarante grains trois seizes ou dix karats trois seizes, estimée six cents livres, ci........	10 k. $\frac{3}{16}$	600
73.	Une perle de bel orient, forme ronde, un peu plombée d'un des côtés, percée et éclatée du même côté, pesant trente-six grains ou neuf karats, estimée quatre cents liv., ci...	9 k.	400
	Note. Les vingt-cinq dernières perles composant le collier, montent, d'après l'estimation susdite, à 90,600 livres.		
	Signé Thierry, Crecy, Menière, J. C. Loury, Landgraff, Bion, Christin, Delattre.		
	Du 18 Juillet.		
74.	Une perle de bel orient, forme en poire un peu baroque, et percée, pesant soixante-six grains deux seizes ou		
	De cette part......		902,400

Nos.	DÉSIGNATION.	POIDS.	ESTIMATION.
	Report.......		902,400tt
	seize karats dix seizes, estimée huit cents liv., ci........................	16 k $\frac{10}{16}$	800
75.	Une perle de bel orient, forme en poire mal formée, un peu onduleuse dans la partie du haut, et des glaces dans celle du bas, percée, pesant soixante-trois grains trois seizes ou quinze karats quinze seizes, estimée mille livres, ci.............	15 k. $\frac{15}{16}$	1,000
76.	Une perle de bel orient, forme en poire, un peu plate d'un côté, onduleuse du haut et percée, pesant cinquante-neuf grains deux seizes ou quatorze karats quatorze seizes, estimée mille livres, ci........	14 k. $\frac{14}{16}$	1,000
77.	Une perle de bel orient, forme en poire, plate des deux bouts, avec une forte ondulation dans la partie du bas, et percée, pesant treize karats sept seizes, estimée huit cents livres, ci....................	13 k. $\frac{7}{16}$	800
	De cette part......		906,000

Nos.	DÉSIGNATION.	POIDS.	ESTIMATION.
	Report.........		906,000tt
78.	Une perle de bel orient, forme en poire, plate des deux côtés, la partie du bas plombée, et percée, pesant quarante-huit grains un seize ou douze karats un seize, estimée six cents livres, ci.......	12 k. $\frac{1}{16}$	600
79.	Une perle de bel orient, forme en poire mal formée, ayant une forte côte d'un côté, dans la partie du haut plusieurs ondulations, percée, pesant cinquante-sept grains un seize ou quatorze karats cinq seizes, estimée cinq cents livres, ci.......	14 k. $\frac{5}{16}$	500
80.	Une perle de bel orient, forme en poire, mal formée, plate et plombée d'un côté, percée, pesant soixante-un grains ou quinze karats quatre seizes, estimée quatre cents livres, ci..	15 k. $\frac{4}{16}$	400
81.	Une perle de bel orient, forme en poire, plate et éclatée d'un côté, ayant plusieurs		
	De cette part......		907,500

N^os.	DESIGNATION	POIDS.	ESTIMATION.
	Report.........		907,500#
	ondulations dans la partie du haut, et percée, pesant quarante-cinq grains deux seizes ou onze karats six seizes, estimée quatre cents livres, ci.............	11 k. $\frac{6}{16}$	400
82.	Une perle de bel orient, forme en poire, plate d'un côté, plombée dans la partie du haut, avec une cavité, et percée, pesant cinquante-trois grains un seize ou treize karats cinq seizes, estimée quatre cents livres, ci.....	13 k. $\frac{5}{16}$	400
83.	Une perle d'orient, forme en poire, ayant plusieurs taches dans la partie du haut, et plate dans celle du bas, percée, pesant soixante-trois grains deux seizes ou quinze karats quatorze seizes, estimée sept cents livres, ci....	15 k. $\frac{14}{16}$	700
84.	Une perle de bel orient, forme en poire un peu baroque, un fort cran dans la partie du haut, et un peu matte		
	De cette part.......		909,000

Nos.	DÉSIGNATION.	POIDS.	ESTIMATION.
	Report........		909,000#
	dans celle du bas, percée, pesant cinquante-quatre grains deux seizes ou treize karats dix seizes, estimée quatre cents livres, ci........	13 k. $\frac{10}{16}$	400
85.	Une perle de bel orient, forme en poire, plate d'un côté et percée, pesant cinquante-quatre grains trois seizes ou treize karats onze seizes, estimée huit cents livres, ci..............	13 k. $\frac{11}{16}$	800
86.	Une perle de bel orient, forme en poire mal formée, plate, avec plusieurs ondulations, et percée, pesant quarante-un grains un seize ou dix karats cinq seizes, estimée cinq cents livres, ci..................	10 k. $\frac{5}{16}$	500
87.	Une perle de bel orient, forme en poire, plate d'un côté, un peu plombée et onduleuse dans la partie du haut, percée, pesant quarante grains trois seizes ou dix karats trois seizes, estimée six cents liv., ci...	10 k. $\frac{3}{16}$	600
	De cette part......		911,300

Nos.	DÉSIGNATION.	POIDS.	ESTIMATION.
	Report........		911,300#
88.	Une perle de bel orient, forme en poire, plate d'un côté, écaillée, plombée et glaceuse de l'autre, pesant quarante grains deux seizes ou dix karats deux seizes, estimée quatre cents livres, ci..................	10 k. $\frac{2}{16}$	400
89.	Une perle de bel orient, forme en poire, un peu plate d'un côté, ondfileuse et plusieurs points, percée, pesant quarante-deux grains un seize ou dix karats neuf seizes, estimée quatre cents livres, ci........	10 k. $\frac{9}{16}$	400
90.	Une perle de bel orient, forme longue, plate d'un côté avec plusieurs ondulations, percée, pesant trente-huit grains un seize ou neuf karats neuf seizes, estimée quatre cents livres, ci..................	9 k. $\frac{9}{16}$	400
91.	Une perle de bel orient, forme en poire, un peu plate des deux bouts, avec une côte dans la partie du bas,		
	De cette part.....		912,500

Nos.	DÉSIGNATION.	POIDS.	ESTIMATION.
	Report.......		912,500#
	glaceuse et quelques petits points, pesant quarante-trois grains ou dix karats douze seizes, estimée trois cents livres, ci..................	10 k. 12/16	300
92.	Une perle d'orient, un peu plombée, forme en poire, un peu matte du bas et limée dans la partie du haut, percée, pesant vingt-neuf grains ou sept karats quatre seizes, estimée trois cents livres, ci.......	7 k. 4/16	300
93.	Une perle de bel orient, forme bouton, plate, côté plombé, percée de trois trous, dont un bouché avec un morceau de nacre, et matte d'un côté, pesant quatre-vingt-dix-neuf grains un seize ou vingt-quatre karats treize seizes, estimée trois mille livres, ci..................	24 k. 13/16	3,000
94.	Une perle de bel orient, forme ronde, plate d'un côté, lequel est plombé et écaillé, percée à deux endroits,		
	De cette part......		916,100

Nos.	DÉSIGNATION.	POIDS.	ESTIMATION.
	Report.........		916,100tt
	un des côtés onduleux, pesant soixante-quatorze grains un seize ou dix-huit karats neuf seizes, estimée deux mille livres, ci............	18 k. $\frac{9}{16}$	2,000
95.	Une perle de bel orient, forme ovale, plate d'un côté et percée à deux endroits, pesant soixante-douze grains trois seizes ou dix-sept karats deux seizes, estimée deux mille quatre cents livres, ci..................	17 k. $\frac{2}{16}$	2,400
96.	Une perle de bel orient, forme ovale, baroque, ayant une côte et percée, pesant soixante-douze grains trois seizes ou dix-huit karats trois seizes, estimée douze cents livres, ci................	18 k. $\frac{3}{16}$	1,200
97.	Une perle de bel orient, forme ronde, un morceau d'emporté d'un côté et un cran de l'autre, ayant quelques taches, pesant cinquante-trois grains deux sei-		
	De cette part.......		921,700

Nos.	DÉSIGNATION.	POIDS.	ESTIMATION.
	Report........		921,700tt
	zes ou treize karats six seizes, estimée six cents livres, ci............	13 k. 4/16	600
98.	Une perle de bel orient, forme losange, un peu arrondie, plate d'un côté, percée à trois endroits, pesant soixante grains deux seizes ou quinze karats deux seizes, estimée quinze cents livres, ci.......	15 k. 2/16	1,500
99.	Une perle d'orient, forme ovale, mal formée, plate et plombée d'un côté, et un peu éclatée, pesant cinquante-quatre grains trois seizes ou treize karats onze seizes, estimée cinq cents livres, ci........	13 k. 11/16	500
100.	Une perle de bel orient, forme losange arrondie, plate d'un côté, ayant plusieurs taches et veine jaune, percée à deux endroits, pesant trente-huit grains ou neuf karats huit seizes, estimée six cents livres, ci............,	9 k. 8/16	600
	De cette part......		924,900

Nos.	DÉSIGNATION.	POIDS.	ESTIMATION.
	Report........		924,900 ₶
101.	Une moitié de perle de bel orient, forme ovale, un peu onduleuse, percée à deux endroits, pesant trente-neuf grains deux seizes ou neuf karats quatorze seizes, estimée trois cents livres, ci............	9 k. $\frac{14}{16}$	300
102.	Une perle de bel orient, forme en bouton, percée en deux endroits, pesant quarante - deux grains ou dix karats huit seizes, estimée six cents livres, ci............	10 k. $\frac{8}{16}$	600
103.	Une perle de bel orient, ronde, forme en bouton, plate d'un côté, et percée en trois endroits, pesant trente-huit karats onze seizes, estimée quatre cents l., ci.	38 k. $\frac{11}{16}$	400
104.	Une perle de couleur de nacre, forme ovale, plate d'un côté, percée à deux endroits, pesant quarante - deux grains deux seizes, ou dix karats dix seizes, estimée quatre cents livres, ci..............	10 k. $\frac{10}{16}$	400
	De cette part......		926,600

Nos.	DÉSIGNATION.	POIDS.	ESTIMATION.
	Report.		926,600tt
105.	Une perle, forme losange, un peu baroque, ayant plusieurs ondulations sous le dessous, percée à deux endroits, de bel orient, pesant 41 grains deux seizes ou dix karats six seizes, estimée quatre cents l., ci.	10 k. $\frac{\ }{16}$	400
106.	Une perle d'orient, un peu nacreuse, ovale, un peu baroque, étant percée à deux endroits, pesant quarante-huit grains ou douze karats, estimée quatre cents livres, ci.	12 k.	400
107.	Une perle d'orient, ronde, forme de bouton, applatie en-dessous, un peu onduleuse et percée, pesant trente-cinq grains trois seizes ou huit karats quinze seizes, estimée trois cents livres, ci.	8 k. $\frac{15}{16}$	300
108.	Une perle d'orient, ronde, forme de bouton, un peu matte, percée, pesant trente-quatre grains un seize ou huit karats neuf seizes,		
	De cette part.		927,700

Nos.	DÉSIGNATION.	POIDS.	ESTIMATION.
	Report.		927,700[tt]
	estimée trois cents livres, ci.	8 k. $\frac{9}{16}$	300
109.	Une perle d'orient, matte, forme de bouton, percée, pesant trente-deux grains ou huit karats, estimée trois cents livres, ci.	8 k.	300
110.	Une perle d'orient, un peu nacrée, forme ovale, percée en croix, pesant 32 grains un seize ou huit karats un seize, estimée trois cents livres, ci.	8 k. $\frac{1}{16}$	300
111.	Une perle de bel orient, forme en poire, mal formée, plate d'un côté, ayant plusieurs ondulations, percée en deux endroits, pesant trente-trois grains un seize ou huit karats cinq seizes, estimée trois cents livres, ci.	8 k. $\frac{5}{16}$	300
112.	Une perle d'orient, un peu nacrée, forme ovale, alongée, et percée, pesant trente-six grains deux seizes, es-		
	De cette part.		928,900

Nos.	DÉSIGNATION.	POIDS.	ESTIMATION.
	Report		928,900#
	timée quatre cents liv., ci.	9 k. $\frac{2}{16}$	400
113.	Une perle d'orient, un peu plombée, plate en-dessous, percée en deux endroits et un grand trou au milieu, pesant trente-six grains trois seizes ou neuf karats trois seizes, estimée trois cents livres, ci...	9 k. $\frac{3}{16}$	300
114.	Une perle de bel orient, forme ronde, plate d'un coté, ayant une grande glace en travers, matte l'uncôté et percée, pesant trente-quatre grains ou huit karats huit seizes, estimée trois cents livres, ci.	8 k. $\frac{8}{16}$	300
	Signé Thierry, Crecy, Menière, J. C. Loury, Landgraff, Bion, Christin, Delattre.		
	Du 19 juillet.		
115.	Une perle d'orient, forme en poire, mal formée, ayant plusieurs		
	De cette part		929,900

Nos.	DÉSIGNATION.	POIDS.	ESTIMATION.
	Report......		929,900tt
	ondulations et une glace matte, ladite percée, pesant soixante-neuf grains un seize ou dix-sept karats cinq seizes, estimée mille livres, ci........	17 k. $\frac{5}{16}$	1,000
116.	Une perle d'orient, matte, forme ronde, et percée, pesant soixante-quatorze grains deux seizes ou dix-huit karats dix seizes, estimée huit cents livres, ci.......	18 k. $\frac{10}{16}$	800
117.	Une perle de bel orient, forme ronde, ayant d'un côté une tache jaune, et percée, pesant cinquante-sept grains un seize ou quatorze karats cinq seizes, estimée sept cents livres, ci.	14 k. $\frac{5}{16}$	700
118.	Une perle de bel orient, forme ronde, un peu plate d'un côté, ayant plusieurs taches, percée, pesant soixante-treize grains deux seizes ou dix-huit karats six seizes, estimée six cents livres, ci.	18 k. $\frac{6}{16}$	600
	De cette part.		933,000

N^os.	DÉSIGNATION.	POIDS.	ESTIMATION.
	Report		933,000tt
119.	Une perle d'orient, matte, forme ovale, ayant plusieurs taches et des ondulations, pesant soixante - trois grains un seize, ou quinze karats treize seizes, estimée cinq cents livres, ci	15 k. $\frac{13}{16}$	500
120.	Une perle d'orient, un peu matte, et jaunâtre, forme ronde, plus mince d'un bout que de l'autre, ayant plusieurs petites taches, et une fente du côté du percé, pesant soixante-huit grains deux seizes ou dix-sept karats deux seizes, estimée six cents livres, ci	17 k. $\frac{2}{16}$	600
121.	Une perle d'orient un peu matte, de forme ronde, ayant plusieurs ondulations et bouillons, ladite percée, pesant cinquante - deux grains un seize ou treize karats un seize, estimée cinq cents liv. ci	13 k. $\frac{1}{16}$	500
122.	Une perle de bel		
	De cette part		934,600

Nos.	DÉSIGNATION.	POIDS.	ESTIMATION.
	Report.		934,600tt
	orient, forme ronde, un peu plate d'un côté, ayant deux percés en croix, pesant quarante-huit grains troisseizes ou douze karats trois seizes, estimée cinq cents liv. ci	12 k. $\frac{3}{16}$	500
123.	Une perle de bel orient, forme un peu baroque, deux percés en deux endroits, pesant quarante - neuf grains trois seizes ou douze karats sept seizes, estimée cinq cents liv. ci	12 k. $\frac{7}{16}$	500
124.	Une perle d'orient un peu nattée, forme baroque doux, ayant des ondulations, une gersure un peu jaunâtre, et percée, pesant cinquante - deux grains deux seizes ou treize karats deux seizes, estimée cinq cents liv. ci.	13 k. $\frac{2}{16}$	500
125.	Une perle d'orient, forme ronde, ayant quelques petites taches, percée deux fois d'un		
	De cette part.		936,100

Nos.	DÉSIGNATION.	POIDS.	ESTIMATION.
	Report.		936,100tt
	côté, pesant quarante-sept grains trois seizes ou onze karats quinze seizes, estimée cinq cents livres, ci	11 k. $\frac{15}{16}$	500
126.	Une perle d'orient, forme ronde, un peu plombée, ayant quelques petites taches blanches, pesant cinquante-un grains deux seizes ou douze karats quatorze seizes, estimée trois cents livres, ci . .	12 k. $\frac{14}{16}$	300
127.	Une perle d'orient matte, forme ronde, ayant plusieurs ondulations du côté du percé et des bouillons, pesant quarante-un grains ou dix karats quatre seizes, estimée quatre cents liv. ci	10 k. $\frac{4}{16}$	400
128.	Une perle d'orient un peu nacrée, forme ronde, plate d'un côté, plusieurs ondulations à divers endroits, et percée, pesant quarante-trois grains deux seizes ou dix karats quatorze seizes, estimée trois cents livres, ci.	10 k. $\frac{14}{16}$	300
	De cette part.		937,600

Nos.	DÉSIGNATION.	POIDS.	ESTIMATION.
	Report........		937,600 ₶
129.	Une perle d'orient, nacrée, forme ronde, un peu plombée et taches jaunes d'un côté et percée, pesant quarante-un grains deux seizes ou dix karats six seizes, estimée trois cents livres, ci........	10 k. $\frac{6}{16}$	300
130.	Une perle d'orient, un peu matte, forme ronde, plate du côté du percé, ayant une forte glace au pourtour, pesant quarante-deux grains deux seizes ou dix karats dix seizes, estimée trois cents livres, ci. . . .	10 k. $\frac{10}{16}$	300
131.	Une perle d'orient, forme ronde, ayant plusieurs ondulations et cavités, percée, pesant trente-huit grains un seize ou neuf karats neuf seizes, estimée trois cents livres, ci..	9 k. $\frac{9}{16}$	300
132.	Une perle d'orient, forme ronde, un peu alongée et matte d'un bout, ayant une glace au tour, pesant qua-		
	De cette part......		938,500

Nos.	DÉSIGNATION.	POIDS.	ESTIMATION.
	Report........		938,500tt
	rante-un grains trois seizes ou dix karats sept seizes, estimée trois cents livres, ci......	10 k. $\frac{7}{16}$	300
133.	Une perle d'orient, forme ronde, ayant plusieurs gersures ettaches, ladite percée, pesant quarante-trois grains un seize ou dix karats treize seizes, estimée trois cents liv. ci.....	10 k. $\frac{13}{16}$	300
134.	Une perle d'orient, forme ronde, un peu plombée d'un côté, pesant quarante grains deux seizes ou dix karats deux seizes, estimée quatre cents liv. ci...	10 k. $\frac{2}{16}$	400
135.	Une perle de bel orient, forme ronde, un peu nacrée du côté du percé, pesant trente-cinq grains ou huit karats douze seizes, estimée trois cents liv. ci..	8 k. $\frac{12}{16}$	300
136.	Une perle d'orient un peu matte, forme ronde, étant un peu plombée du côté du percé, pesant trente-neuf grains		
	De cette part.......		939,800

Nos.	DÉSIGNATION.	POIDS.	ESTIMATION.
	Report.		939,800tt
	un seize ou neuf karats treize seizes, estimée trois cents livres, ci . . .	9 k. $\frac{13}{16}$	300
137.	Une perle ronde de bel orient, et percée, pesant trente-neuf grains ou neuf karats douze seizes, estimée quatre cents liv. ci . . .	9 k. $\frac{12}{16}$	400
138.	Une perle d'orient, matte, ayant plusieurs taches blanches et percée, pesant 37 grains trois seizes ou neuf karats sept seizes, estimée quatre cents livres, ci .	9 k. $\frac{7}{16}$	400
139.	Une perle d'orient matte, forme ronde, plate d'un côté du percé, et ayant quelques petites gersures, pesant trente-deux grains deux seizes ou huit karats deux seizes, estimée quatre cents livres, ci	8 k. $\frac{2}{16}$	400
140.	Une perle de bel orient, forme ronde, bien formée et percée, pesant trente-un grains deux seizes ou sept ka-		
	De cette part.		941,300

Nos.	DÉSIGNATION.	POIDS.	ESTIMATION.
	Report.		941,300tt
	rats quatorze seizes, estimée cinq cents livres, ci	7 k. $\frac{14}{16}$	500
141.	Une perle d'orient, un peu matte, forme ronde, un peu alongée, ayant une glace et un peu onduleuse du côté du percé, pesant trente-huit grains un seize ou neuf karats neuf seizes, estimée trois cents liv. ci	9 k. $\frac{9}{16}$	300
142.	Une perle d'orient, forme ronde, un peu alongée, percée en croix, un des percés bouché de nacre, plombée d'un côté et quelques taches blanches, pesant trente-six grains un seize ou neuf karats un seize, estimée trois cents livres, ci	9 k. $\frac{1}{16}$	300
143.	Une perle d'orient matte, forme ronde, plate du côté du percé, avec quelques petites taches blanches, pesant trente-trois grains deux seizes ou huit karats six seizes, estimée quatre cents livres, ci . .	8 k. $\frac{6}{16}$	400
	De cette part.		942,800

Nos.	DÉSIGNATION.	POIDS.	ESTIMATION.
	Report.		942,800#
144.	Une perle d'orient, matte, forme ronde, ayant plusieurs petits bouillons, pesant 33 grains un seize ou huit karats cinq seizes, estimée trois cents liv. ci..	8 k. $\frac{5}{16}$	300
145.	Une perle d'orient un peu nacrée, forme longue, plus pointue d'un des côtés percés, et ayant une petite gersure, pesant vingt-neuf grains ou sept karats quatre seizes, estimée trois cents livres, ci......	7 k. $\frac{4}{16}$	300
146.	Une perle d'orient matte, forme ronde, étant un peu nacrée d'un bout et percée, pesant trente-quatre grains ou huit karats huit seizes, estimée quatre cents livres, ci	8 k. $\frac{8}{16}$	400
147.	Une perle d'orient matte, forme ronde et plate d'un bout, ayant une gersure du côté du percé, pesant trente-trois grains un seize, ou huit karats cinq seizes, estimée quatre cents livres, ci.......	8 k. $\frac{5}{16}$	400
	De cette part.		944,200

Nos.	DÉSIGNATION.	POIDS.	ESTIMATION.
	Report.		944,200tt
148.	Une perle d'orient un peu matte, forme ronde, ayant plusieurs gersures et percée, pesant trente-trois grains trois seizes ou huit karats sept seizes, estimée trois cents livres, ci.	8 k. $\frac{7}{16}$	300
149.	Une perle d'orient, forme ronde, ayant quelques ondulations et percée, pesant trente grains deux seizes ou sept karats dix seizes, estimée quatre cents liv. ci	7 k. $\frac{10}{16}$	400
150.	Une perle d'orient, forme ronde, plate d'un côté, ayant quelques nodulations et petite tache blanche, pesant trente-un grains ou sept karats douze seizes, estimée quatre cents l., ci..	7 k. $\frac{12}{16}$	400
151.	Une perle d'orient un peu jaune, ayant quelques petites taches blanches, pesant vingt-neuf grains deux seizes ou sept karats six seizes, estimée trois cents liv. ci.	7 k. $\frac{6}{16}$	300
	De cette part.		945,600

Nos.	DÉSIGNATION.	POIDS.	ESTIMATION.
	Report.......		945,600tt
152.	Une perle d'orient, un peu nacrée, forme ronde, ayant plusieurs ondulations et cavités du côté du percé, pesant vingt-neuf grains ou sept karats quatre seizes, estimée trois cents livres, ci.......	7 k. $\frac{4}{16}$	300
153.	Une perle de bel orient, forme ronde, un peu plombée du côté du percé, pesant trente grains un seize ou sept karats neuf seizes, estimée quatre cents liv. ci.	7 k. $\frac{9}{16}$	400
154.	Une perle de bel orient, forme ronde, alongée, ayant quelques ondulations et taches du côté du percé, pesant vingt-neuf grains trois seizes ou sept karats sept seizes, estimée quatre cents livres, ci..	7 k. $\frac{7}{16}$	400
155.	Une perle d'orient un peu bleuâtre, forme ronde, un peu alongée d'un bout et percée, pesant vingt-six grains un seize ou six karats neuf		
	De cette part.......		946,700

Nos.	DÉSIGNATION.	POIDS.	ESTIMATION.
	Report........		946,700#
	seizes, estimée quatre cents livres, ci........	6 k. $\frac{9}{16}$	400
156.	Une perle d'un bel orient, forme ronde, un peu alongée, ayant quelques ondulations et bouillons du côté du percé, pesant vingt-cinq grains un seize ou six karats cinq seizes, estimée trois cents livres, ci.................	6 k. $\frac{5}{16}$	300
157.	Une perle d'un bel orient, forme ronde un peu alongée, un peu plombée d'un côté, avec ondulations et bouillons, percée, pesant vingt-neuf grains un seize ou sept karats cinq seizes, estimée cinq cents liv., ci.................	7 k. $\frac{5}{16}$	500
158.	Une perle d'orient, de forme ronde, ayant plusieurs ondulations et bouillons, ladite percée, pesant trente grains deux seizes ou sept karats dix seizes, estimée trois cents livres, ci...	7 k. $\frac{10}{16}$	300
159.	Une perle d'orient,		
	De cette part......		948,200

Nos.	DÉSIGNATION.	POIDS.	ESTIMATION.
	Report.......		948,200tt
	forme ovale alongée, plombée d'un côté et percée, pesant trente-cinq grains un seize ou huit karats treize seizes, estimée cinq cents liv., ci..................	8 k. $\frac{13}{16}$	500
160.	Une perle d'orient, un peu nacrée, forme ronde, ayant plusieurs ondulations et taches jaunes, pesant vingt-neuf grains un seize ou sept karats cinq seizes, estimée trois cents liv., ci..................	7 k. $\frac{5}{16}$	300
161.	Une perle d'orient, un peu nacrée, forme ronde, ayant une gersure, un peu plombée et percée, pesant vingt-huit grains un seize ou sept karats un seize, estimée quatre cents liv., ci..................	7 k. $\frac{1}{16}$	400
162.	Une perle d'orient, forme ronde, un peu alongée, ayant quelques ondulations et une égrisure jaune tout-autour, pesant vingt-cinq grains deux seizes ou six		
	De cette part.....		949,400

Nos.	DÉSIGNATION.	POIDS.	ESTIMATION.
	Report........		949,400ᵗᵗ
	karats six seizes, estimée trois cents livres, ci................	6 k. $\frac{6}{16}$	300
163.	Une perle de bel orient, forme ovale un peu alongée, plate d'un côté, et un peu plombée, ladite percée, pesant vingt-huit grains deux seizes ou sept karats deux seizes, estimée trois cents livres, ci.	7 k. $\frac{2}{16}$	300
164.	Une perle d'orient, forme ronde, plate d'un côté, ayant plusieurs bouillons, ladite percée, pesant vingt-cinq grains trois seizes ou six karats sept seizes, estimée quatre cents livres, ci.....	6 k. $\frac{7}{16}$	400
165.	Une perle d'un bel orient, forme ronde, ayant quelques ondulations, un peu nacrée et percée, pesant vingt-sept grains deux seizes ou six karats quatorze seizes, estimée trois cents livres, ci............	6 k. $\frac{14}{16}$	300
166.	Une perle d'un bel orient, forme ronde,		
	De cette part......		950,700

Nos.	DÉSIGNATION.	POIDS.	ESTIMATION.
	Report.......		950,700tt
	ayant quelques ondulations et bouillons d'un côté, et percée, pesant vingt-deux grains trois seizes ou cinq karats onze seizes, estimée trois cents livres, ci.......	5 k. $\frac{11}{16}$	300
167.	Une perle d'orient, forme en poire, un peu matte du côté du petit bout, et des petites taches blanches, pesant vingt-cinq grains deux seizes ou six karats six seizes, estimée cinq cents livres, ci.......	6 k. $\frac{6}{16}$	500
168.	Une perle d'un bel orient, forme en poire, plate du petit bout, et percée, pesant vingt-quatre grains un seize ou six karats un seize, estimée cinq cents liv., ci..................	6 k. $\frac{1}{16}$	500
	Signé Thierry, Crecy, Menière, J. C. Loury, Landgraff, Bion, Christin, Delattre.		
	Du 20 juillet.		
169.	Une perle de bel		
	De cette part......		952,000

Nos.	DÉSIGNATION.	POIDS.	ESTIMATION.
	Report.		957,000tt
	orient, forme en poire, plate d'un côté, avec taches jaunes et bouillons du côté du percé, pesant trente-six grains un seize ou neuf karats un seize, estimée quatre cents livres, ci	9 k. 1/16	400
170.	Une perle d'orient, matte, forme en poire et percée, pesant trente-six grains deux seizes ou neuf karats deux seizes, estimée trois cents liv., ci	9 k. 2/16	300
171.	Une perle de bel orient, forme en poire, un peu nacrée d'un côté et quelques ondulations, ladite percée, pesant trente-cinq grains deux seizes ou huit karats quatorze seizes, estimée quatre cents livres, ci ..	8 k. 14/16	400
172.	Une perle d'orient, matte, forme en poire, un peu plombée d'un côté, et percée, pesant trente-quatre grains ou huit karats huit seizes, estimée trois cents liv., ci	8 k. 8/16	300
	De cette part		958,400

Nos.	DÉSIGNATION.	POIDS.	ESTIMATION.
	Report.		958,400tt
173.	Une perle d'orient, nacrée, forme en poire, avec plusieurs cavités, ondulations et taches blanches, percée, pesant 34 grains deux seizes, ou huit karats dix seizes, estimée trois cents livres, ci.......	8 k. $\frac{10}{16}$.	300
174.	Une perle d'un bel orient, forme en poire un peu courbe, et percée, pesant trente-un grains deux seizes ou sept karats quatorze seizes, estimée cinq cents livres, ci............	7 k. $\frac{14}{16}$	500
175.	Une perle d'un bel orient, forme en poire, ayant quelques glaces et gersures, plate d'un côté et percée, pesant trente-deux grains ou huit karats, estimée quatre cents livres, ci..	8 k.	400
176.	Une perle d'un bel orient, forme en poire, ayant plusieurs ondulations dans la partie du haut, pesant trente-quatre grains deux seizes ou huit karats dix		
	De cette part.......		959,600

Nos.	DÉSIGNATION.	POIDS.	ESTIMATION.
	Report........		959,600#
	seizes, estimée cinq cents livres, ci.	8 k. $\frac{10}{16}$	500
177.	Une perle d'un bel orient, forme en poire et percée, pesant vingt-neuf grains trois seizes ou sept karats sept seizes, estimée cinq cents livres, ci............	7 k. $\frac{7}{16}$	500
178.	Une perle de bel orient, forme en poire et courbée, pesant vingt-neuf grains un seize ou sept karats cinq seizes, estimée cinq cents liv., ci.................	7 k. $\frac{5}{16}$	500
179.	Une perle d'orient, forme en poire, matte par le bas, avec quelques bouillons, et percée, pesant huit karats quatre seizes ou trente-trois grains, estimée quatre cents livres, ci..	8 k. $\frac{4}{16}$	400
180.	Une perle de bel orient, forme en poire, plate d'un côté et percée, pesant vingt-six grains ou six karats huit seizes, estimée cinq cents livres, ci.......	6 k. $\frac{8}{16}$	500
	De cette part......		962,000

Nos.	DÉSIGNATION.	POIDS.	ESTIMATION.
	Report		962,000 ₶
181.	Une perle d'orient, forme carrée-arrondie, plate d'un bout, plusieurs taches jaunes et percée, pesant trente-un grains un seize ou sept karats treize seizes, estimée trois cents liv., ci	7 k. $\frac{13}{16}$	300
182.	Une perle d'orient, un peu nacrée, forme en poire, avec plusieurs ondulations et percée, pesant vingt-six grains ou six karats huit seizes, estimée trois cents liv., ci.	6 k. $\frac{8}{16}$	300
183.	Une perle de bel orient, forme en poire, ayant plusieurs ondulations dans la partie du haut, et quelques points blancs, et percée, pesant vingt-sept grains trois seizes, ou six karats quinze seizes, estimée quatre cents livres, ci.	6 k. $\frac{15}{16}$	400
184.	Une perle d'orient, matte, forme en poire, plombée d'un côté et percée, pesant vingt-		
	De cette part		963,000

Nos.	DÉSIGNATION.	POIDS.	ESTIMATION.
	Report.......		963,000tt
	neuf grains ou sept karats quatre seizes, estimée trois cents livres, ci.............	7 k. $\frac{4}{16}$	300
185.	Une perle de bel orient, forme carrée-arrondie, ayant quelques petites gersures, et percée, pesant vingt-six grains deux seizes ou six karats dix seizes, estimée trois cents liv., ci.............	6 k. $\frac{10}{16}$	300
186.	Une perle de bel orient, forme en poire, ayant des taches blanches et bouillons d'un côté, et percée, pesant vingt-deux grains deux seizes ou cinq karats dix seizes, estimée quatre cents livres, ci........	5 k. $\frac{10}{16}$	400
187.	Une perle de bel orient, forme en poire et percée, pesant vingt-trois grains ou cinq karats douze seizes, estimée quatre cents livres, ci..................	5 k. $\frac{12}{16}$	400
188.	Une perle de bel orient, forme en poire		
	De cette part.......		964,400

Nos.	DÉSIGNATION.	POIDS.	ESTIMATION.
	Report.		964,400tt
	et percée, pesant vingt-deux grains deux seizes ou cinq karats dix seizes, estimée quatre cents liv., ci	5 k. $\frac{10}{16}$	400
189.	Une perle de bel orient, forme en poire, plate du petit bout et quelques ondulations, percée, pesant vingt-deux grains deux seizes, ou cinq karats dix seizes, estimée quatre cents livres, ci	5 k. $\frac{10}{16}$	400
190.	Une perle d'orient, forme olive, ayant quelques petits bouillons, taches jaunes, et percée, pesant vingt grains un seize ou cinq karats un seize, estimée trois cents livres, ci	5 k. $\frac{1}{16}$	300
191.	Une perle de bel orient, forme en poire, un peu jaune par le petit bout, et quelques petits points blancs, pesant dix-sept grains ou quatre karats quatre seizes, estimée trois cents livres, ci	4 k. $\frac{4}{16}$	300
192.	Une perle d'orient,		
	De cette part.		965,800

Nos.	DÉSIGNATION.	POIDS.	ESTIMATION.
	Report........		965,800tt
	forme en poire baroque doux, et percée, pesant vingt-trois grains deux seizes ou cinq karats quatorze seizes, estimée trois cents livres, ci..................	5 k. $\frac{14}{16}$	300
193.	Une perle d'orient, forme en poire baroque doux, un peu plombée d'un côté, pesant vingt-cinq grains ou six karats quatre seizes, estimée deux cents livres, ci...	6 k. $\frac{4}{16}$	200
	Signé Thierry, Crecy, Menière, J. C. Loury, Landgraff, Bion, Christin, Delattre.		
	Du 21 juillet.		
194.	Un rang composé de trente perles rondes, de différentes grosseurs, parties glaceuses, mattes, fêlées et plombées, pesant sept cents cinquante grains poids de marc, estimées trois mille livres, ci.......	....	3,000
195.	Un rang composé de trente-sept perles ron-		
	De cette part......		969,300

Nos.	DÉSIGNATION.	POIDS.	ESTIMATION.
	Report........		969,300ᵗᵗ
	des, dont plusieurs d'un bel orient, les autres mattes, ayant des bouillons, fêlées et percées, pesant six cents soixante-seize grains poids de marc, estimées cinq mille livres, ci........	....	5,000
196.	Un rang composé de vingt-neuf perles de différentes grosseurs, dont partie en poires, et autres de différentes formes, plusieurs d'un bel orient, d'autres jaunes, fêlées, glaceuses, mattes et taches jaunes, pesant six cents quarante-huit grains poids de marc, estimées quatre mille livres, ci........	....	4,000
197.	Un rang composé de vingt-sept perles plates, de grosseur assez égale, plusieurs d'un bel orient, d'autres jaunes et nacrées de différentes formes rondes et baroques, pesant avec le fil sept cents seize grains poids de marc, estimées cinq mille livres, ci.......	....	5,000
	De cette part......		983,300

Nos.	DÉSIGNATION.	POIDS.	ESTIMATION.
	Report........		983,000ᵗᵗ
198.	Un rang composé de vingt-huit perles, dont la plus grande partie plates, et les autres presque rondes, plusieurs d'un bel orient, d'autres mattes et de différentes grosseurs, pesant six cents soixante-douze grains avec leur fil, le tout poids de marc, estimées cinq mille livres, ci.................	....	5,000
199.	Un rang composé de trente perles plates, la plus grande partie perles d'Ecosse, l'autre d'Orient, jaunes, glaceuses, fêlées, mattes et nacrées, pesant six cents soixante grains poids de marc, y compris le fil, estimées quinze cents livres, ci............	....	1,500
200.	Un rang composé de vingt-huit perles plates et rondes de différentes grosseurs, dont les deux principales sont pendeloques plates, les autres jaunes, glaceuses, fêlées, mattes et nacrées, pesant avec le fil six cents		
	De cette part......		989,800

Nos.	DÉSIGNATION.	POIDS.	ESTIMATION.
	Report.		989,800tt
	grains, estimées deux mille livres, ci.	. . . .	1,000
201.	Un rang composé de vingt-huit perles plates, à peu près d'égale grosseur, plusieurs d'un bel orient, les autres mattes, jaunes et formes baroques, pesant avec le fil six cents quarante-trois grains poids de marc, estimées quinze cents livres, ci.	. . . .	1,500
202.	Un rang composé de vingt-neuf perles plates de grosseur assez égale, partie d'un assez bel orient, l'autre matte et jaune, pesant avec le fil cinq cents soixante-quatre grains, estimées quinze cents livres, ci. .	. . . .	1,500
203.	Un rang composé de vingt-six perles plates, de grosseur assez égale, une en forme de poire, ronde, d'un assez bel orient, d'autres jaunes, pesant avec le fil quatre cents trente-neuf grains poids de marc, estimées douze cents livres, ci. .	. . . .	1,200
	De cette part.		996,000

Nos.	DÉSIGNATION.	POIDS.	ESTIMATION.
	Report.......		996,000₶
204.	Un rang composé de vingt-huit perles plates, de grosseur assez égale, plusieurs d'un assez bel orient, les autres mattes, pesant avec le fil quatre cents vingt grains poids de marc, estimées sept cents livres, ci........	....	700
	TOTAL des perles....	....	996,700
	Signé Thierry, Crecy, Menière, J. C. Loury, Landgraff, Bion, Christin, Delattre.		

CHAPITRE III.

DES PIERRES DE COULEURS.

Du 22 Juillet 1791.

Nos.	DÉSIGNATION.	POIDS.	ESTIMATION.
1.	Un grand rubis spinele, forme quarré-long, vif et net, pesant cinquante-six karats dix seizes, estimé cinquante mille livres, ci....... No. 1 de l'art. 8, inventaire 1774.	56 k. $\frac{12}{16}$	50,000lt
2.	Un rubis spinele, forme à huit pans alongés, ayant un grand cran sur l'un des flancs vif et net, pesant trois karats quatorze seizes, estimé trois cents livres, ci.................. Partie du no. 94, art. 8, inventaire 1774.	3 k. $\frac{14}{16}$	300
3.	Deux rubis spinele, de forme ovale, foibles en couleur, un peu louches et mal nets, l'un pesant deux karats, l'autre un karat douze seizes, ce qui fait ensemble trois karats douze seizes, estimés cent liv.		
	De cette part......		50,300

Nos.	DÉSIGNATION.	POIDS.	ESTIMATION.
	Report........		50,300tt
	chacun pour les deux, deux cents livres, ci...	3 k. $\frac{12}{16}$	200
4.	Un grand rubis d'orient, d'étendue, forme de lyre, couleur de rose, ayant plusieurs glaces et bouillons et un cran dans le dessous, pesant vingt-deux karats douze seizes, estimé vingt cinq mille livres, ci.......	22 k. $\frac{12}{16}$	25,000
	No. 6, art. 8, inventaire 1774.		
5.	Un grand rubis d'orient, forme triangle, de couleur un peu giroflée, un cran au-dessous, plusieurs glaces, givres et bouillons, pesant huit karats trois seizes, estimé quatre mille livres, ci........	8 k. $\frac{3}{16}$	4,000
	No. 70 de l'art. 10, inventaire 1774.		
6.	Un grand rubis d'orient, d'étendue, forme ovale, plus étroit d'un bout que de l'autre, ayant deux crans dans le dessous, couleur pourpre et un calcédoine au		
	De cette part.....		79,500

Nos.	DÉSIGNATION.	POIDS.	ESTIMATION.
	Report.......		79,500tt
	milieu de la pierre, pesant sept karats, estimé huit mille livres, ci...	7 k.	8,000
	No. 31 de l'art. 8, inventaire 1774.		
7.	Un grand rubis d'orient, d'étendue, forme quarrée-arrondie, manquant à un des coins, un fort cran au-dessus, le dessous cabochon, pesant cinq karats huit seizes, estimé quatre mille livres, ci.......	5 k. $\frac{8}{16}$	4,000
	No. 25 de l'art. 8, inventaire 1774.		
8.	Un rubis d'orient, d'étendue, forme ovale, alongé, couleur vinaigre, glaceux et givreux, pesant cinq karats six seizes, estimé douze cents livres, ci.	5 k. $\frac{6}{16}$	1,200
	No. 17 de l'art. 8, inventaire 1774.		
9.	Un rubis d'orient de bonne couleur, forme longue, arrondie, ayant un cran d'un bout sur le bord du filetis, cabochon en dessous, avec		
	De cette part.......		92,700

Nos.	DÉSIGNATION.	POIDS.	ESTIMATION.
	Report		92,700ᵗᵗ
	un cran glaceux, pesant quatre karats deux seizes, estimé douze cents livres, ci	4 k. 2/16	1,200
	No. 107, art. 8, inventaire 1774.		
10.	Un rubis d'orient de première couleur, forme à huit pans, rempli de glaces et un fort calcédoine d'un bout et taches noires, pesant trois karats douze seizes, estimé dix-huit cents liv., ci	3 k. 12/16	1,800
	No. 22 de l'art. 7, inventaire 1774.		
11.	Un rubis d'orient de première couleur, mais inégal, forme longue à huit pans et étendu, deux forts crans dans le dessous, pesant trois karats quatre seizes, estimé trois mille livres, ci	3 k. 4/16	3,000
	Partie du no. 19, art. 7, inventaire 1774.		
12.	Un grand rubis d'orient très-pâle en couleur, le dessous cabochon, pesant deux ka-		
	De cette part		98,700

Nos.	DÉSIGNATION.	POIDS.	ESTIMATION.
	Report		98,700
	rats huit seizes, estimé trois cents livres ci...	2 k. $\frac{8}{16}$	300
	Partie du n°. 100, art. 8, inventaire 1774.		
13.	Un rubis d'orient, foible en couleur, forme ovale arrondie, le dessous cabochon, avec de forts crans, rempli de glaces et givres, pesant trois karats deux seizes, estimé deux cents livres, ci	3 k. $\frac{2}{16}$	200
	No. 36 de l'art. 8, inventaire 1774.		
14.	Un rubis d'orient, couleur vinaigre, forme ovale long, plus étroit d'un coin que de l'autre, un fort cran, rempli de glaces et givres, pesant trois karats trois seizes, estimé deux cents livres, ci	3 k. $\frac{3}{16}$	200
	No. 38 de l'art. 8, inventaire 1774.		
15.	Un rubis d'orient, couleur cerise, forme ovale long, ayant plusieurs glaces, pesant deux karats cinq seizes,		
	De cette part		99,400

Nos.	DÉSIGNATION.	POIDS.	ESTIMATION.
	Report......		99,400tt
	estimé six cents livres, ci..................	2 k. 5/16	600
16.	Un rubis d'orient, couleur giroflée, forme ovale, cabochon en dessous, avec un très-fort cran, glaceux et rempli de calcédoines, pesant un karat quinze seizes, estimé cent cinquante livres, ci............	1 k. 15/16	150
17.	Un rubis d'orient de bonne couleur, forme longue, avec deux bouillons, pesánt trois karats un seize, estimé mille livres, ci............	3 k. 1/16	1,000
18.	Un rubis d'orient, couleur pâle, forme pendeloque, ayant une forte glace à l'un des bouts, pesant trois karats six seizes, estimé quatre cents liv., ci..	3 k. 6/16	400
19.	Un rubis d'orient, un peu violet, inégal en couleur, forme pendeloque, pesant deux karats deux seizes, estimé deux cents livres, ci...	2 k. 2/16	200
	De cette part.....		101,750

Nos.	DÉSIGNATION.	POIDS.	ESTIMATION.
	Report........		101,750tt
20.	Soixante-six rubis d'orient de différentes formes, grosseurs, couleurs et qualités, pesant soixante-treize karats huit seizes, à cent liv. le karat, estimés sept mille trois cents cinquante livres, ci.....	73 k. $\frac{8}{16}$	7,350
	Signé Thierry, Crecy, Menière, J. C. Loury, Landgraff, Bion, Christin, Delattre.		
	Du* 23 *Juillet.		
	RUBIS BALAI.		
1.	Un grand rubis balai, d'une belle couleur, vif et net, forme carrée et peu de dessous, pesant vingt karats six seizes, estimé dix mille livres, ci.............	20 k. $\frac{6}{16}$	10,000
	No. 50 de l'art. 8, inventaire 1774.		
2.	Un grand rubis balai, tirant sur le brun, vif et net, forme à huit pans, pesant douze karats six seizes, estimé trois mille livres, ci...	12 k. $\frac{6}{16}$	3,000
	De cette part......		122,100

Nos.	DÉSIGNATION.	POIDS.	ESTIMATION.
	Report.		122,100tt
	No. 83 de l'art. 8, inventaire 1774.		
3.	Un rubis balai, foible en couleur, forme carrée émoussée, pesant huit karats un seize, estimé huit cents livres, ci	8 k. $\frac{1}{16}$	800
	No. 61 de l'art 8, inventaire 1774.		
4.	Un rubis balai, couleur vinaigre, forme longue à huit pans, avec de fortes glaces et neiges, pesant huit karats, estimé six cents livres, ci	8 k.	600
	No. 60 de l'art 8, inventaire 1774.		
5.	Un grand rubis balai, foible en couleur, tirant sur le violet, forme ovale, étendu, ayant une petite glace et très-dépoli, pesant douze karats deux seizes, estimé huit cents livres, ci	12 k. $\frac{2}{16}$	800
	No. 1 de l'art. 7, inventaire 1774.		
6.	Un rubis balai, très-pâle en couleur, forme		
	De cette part.		124,300

Nos.	DÉSIGNATION.	POIDS.	ESTIMATION.
	Report........		124,300tt
	à huit pans, pesant quatre karats deux seizes, estimé cinquante livres, ci............	4 k. $\frac{2}{16}$	50
	No. 24 de l'art. 8, inventaire 1774.		
7.	Un rubis balai, très-pâle en couleur, carré long arrondi, pesant trois karats cinq seizes, estimé soixante-douze livres, ci............	3 k. $\frac{5}{16}$	72
	No. 19 de l'art. 8, inventaire 1774.		
8.	Un rubis balai, foible en couleur, forme carré long arrondi, une forte égrisure au bord du filetis et très-mince, pesant trois karats six seizes, estimé cinquante livres, ci............	3 k $\frac{6}{16}$	50
	Partie du no. 28. art. 7, inventaire 1774.		
9.	Un rubis balai, de bonne couleur, vif et net, forme carré long arrondi et d'étendue, pesant quatre karats un seize, estimé cent cinquante livres, ci......	4 k. $\frac{1}{16}$	150
	De cette part......		124,622

N^os.	DÉSIGNATION.	POIDS.	ESTIMATION.
	Report.........		124,622tt
	Partie du no. 102, art. 8, inventaire 1774.		
10.	Un rubis balai, de bonne couleur, vif et net, forme à huit pans, pesant cinq karats quatre seizes, estimé quatre cents livres, ci......	5 k. $\frac{4}{16}$	400
	Partie du n°. 75 de l'art. 8, inventaire 1774.		
11.	Un rubis balai, de couleur vinaigre, forme carré long, à huit pans vif et net, pesant quatre karats cinq seizes, estimé deux cents livres, ci...	4 k. $\frac{5}{16}$	200
	Partie du no. 62 de l'art. 5, inventaire 1774.		
12.	Un rubis balai, couleur de vinaigre, presque rond vif et net, pesant cinq karats neuf seizes, estimé deux cents livres, ci............	5 k. $\frac{9}{16}$	200
	No. 44 de l'art. 8, inventaire 1774.		
13.	Un rubis balai, couleur de vinaigre, forme carré à huit pans, pesánt cinq karats deux		
	De cette part......		125,422

Nos.	DÉSIGNATION.	POIDS.	ESTIMATION.
	Report		125,422tt
	seizes, estimé deux cents livres, ci	5 k. $\frac{2}{16}$	200
	Partie du no. 75 de l'art. 8, inventaire 1774.		
14.	Un rubis balai, foible en couleur, carré long à huit pans, une forte neige brune et égrisé au bord du filetis, pesant trois karats dix seizes, estimé cinquante livres, ci	3 k. $\frac{10}{16}$	50
	Partie du no. 19 de l'art. 7, inventaire 1774.		
15.	Quarante-quatre rubis balai, de différentes formes, grosseurs et couleurs, pesant quatre-vingt-six karats foible, à douze livres le karat, estimée mille trente-deux livres, ci	86 k.	1,032
	TOPAZES.		
1.	Une grande topaze de belle couleur, forme carré long avec un grand cran au-dessous au bord du filetis, une glace et une fumée d'un côté, pesant vingt-sept karats quatorze seizes,		
	De cette part		126,704

Nos.	DÉSIGNATION.	POIDS.	ESTIMATION.
	Report.		126,704 ₶
	estimée six mille livres, ci.	27 k. $\frac{14}{16}$	6,000
	No. 57 de l'art. 8, inventaire 1774.		
2.	Une topaze de bonne couleur, ayant un écran sur le dessous avec quelques givres. pesant treize karats trois seizes, estimée douze cents livres, ci.	13 k. $\frac{3}{16}$	1,200
	No. 35 de l'art. 8, inventaire 1774.		
3.	Une topaze d'orient, foible en couleur mal nette, forme à huit pans épaisse, ayant un cran au bord du filetis, pesant treize karats douze seizes, estimée douze cents livres, ci.	13 k. $\frac{12}{16}$	1,200
	No. 52, art. 8, inventaire 1774.		
4.	Une topaze d'orient, foible en couleur, à huit pans, ayant une fumée en travers, pesant onze karats trois seizes, estimée cinq cents livres ci.	11 k. $\frac{3}{16}$	500
	No. 8 de l'art. 7, inventaire 1774.		
	De cette part.		135,604

Nos.	DÉSIGNATION.	POIDS.	ESTIMATION.
	Report.......		135,604#
5.	Une topaze d'orient, de belle couleur, forme à huit pans long, taillée en rose par-dessus, ayant une plume sur un coin, pesant neuf karats, estimée quinze cents liv., ci....................	9 k.	1,500
	No. 44 de l'art. 8, inventaire 1774.		
6.	Une topaze d'orient, couleur citron, forme à huit pans, épaisse, ayant des glaces, pesant neuf karats treize seizes, estimée six cents livres, ci....................	9 k. $\frac{13}{16}$	600
	No. 21 de l'art. 7, inventaire 1774.		
7.	Une topaze d'orient, foible en couleur, forme longue à huit pans mal nette, un trou au-dessus, pesant huit karats quatre seizes, estimée cinq cents livres, ci...	8 k. $\frac{4}{16}$	500
	No. 52 de l'art. 8, inventaire 1774.		
8.	Une topaze d'orient d'une très-belle couleur, forme longue à huit pans		
	De cette part.....		138,204

Nos.	DÉSIGNATION.	POIDS.	ESTIMATION.
	Report.		138,204tt
	vive et nette, pesant sept karats quatre seizes, estimée deux mille liv. ci	7 k. $\frac{4}{16}$	2,000
	No. 28 de l'art. 8, inventaire 1774.		
9.	Une topaze d'orient, couleur citron, forme à huit pans vive et nette, pesant neuf karats, estimée deux mille livres, ci	9 k.	2,000
10.	Une topaze d'orient, foible en couleur, forme longue, à huit pans, ayant une forte fumée, pesant huit karats, estimée trois cents livres, ci	8 k.	300
	No. 90 de l'art. 8, inventaire 1774.		
11.	Une topaze d'orient, foible en couleur, forme longue, à huit pans, ayant une forte glace et fumée, pesant six karats cinq seizes, estimée trois cents livres, ci . . .	6 k. $\frac{5}{16}$	300
	No. 9 de l'art. 8, inventaire 1774.		
	De cette part.		142,804

Nos.	DÉSIGNATION.	POIDS.	ESTIMATION.
	Report.........		142,804#
12.	Une topaze d'orient, couleur citron, forme carré-arrondie, mal nette, pesant cinq karats cinq seizes, estimée quatre cents livres, ci..	5 k. $\frac{5}{16}$	400
13.	Une topaze d'orient, couleur citron, mais inégale, forme olive, applatie sur les deux bouts, avec une forte plume, pesant six karats onze seizes, estimée cinq cents livres, ci... No. 86 de l'art. 8, inventaire 1774.	6 k. $\frac{11}{16}$	500
14.	Une topaze d'orient, couleur citron, forme longue, à huit pans, ayant une fumée, pesant huit karats quatre seizes, estimée six cents livres, ci............. Partie du no. 80 de l'art. 8, inventaire 1774.	8 k. $\frac{4}{16}$	600
15.	Une topaze d'orient, pâle de couleur, forme longue, à huit pans, mal nette, pesant cinq karats cinq seizes, estimée trois cents liv., ci..	5 k. $\frac{5}{16}$	300
	De cette part......		144,604

Nos.	DÉSIGNATION.	POIDS.	ESTIMATION.
	Report........		144,604 ₶
	Partie du n°. 80 de l'art. 8, inventaire 1774.		
16.	Une topaze d'orient, couleur citron, forme ovale, ayant une forte plume au milieu, pesant sept karats quatorze seizes, estimée six cents livres, ci............	7 k. $\frac{14}{16}$	600
	N°. 54 de l'art. 8, inventaire 1774.		
17.	Une topaze d'orient, foible en couleur, forme ovale arrondie, ayant des plumes et une fumée, pesant sept karats, estimée quatre cents livres, ci.......	7 k.	400
	N°. 62 de l'art. 8, inventaire 1774.		
18.	Une topaze d'orient, très-foible en couleur, forme longue, à huit pans, mal nette, pesant quatre karats douze seizes, estimée trois cents livres, ci.......	4 k. $\frac{12}{16}$	300
19.	Une topaze d'orient, foible en couleur, forme longue arrondie, ayant une forte plume, pesant		
	De cette part......		145,904

Nos.	DÉSIGNATION.	POIDS.	ESTIMATION.
	Report		145,904 ₶
	quatre karats neuf seizes, estimée trois cents livres, ci	4 k. $\frac{9}{16}$	300
	Signé Thierry, Crecy, Menière, J. C. Loury, Landgraff, Bion, Christin, Delattre.		
	Du 25 *Juillet* 1791.		
20.	Une topaze d'orient, d'étendue, couleur citron, forme à huit pans, ayant plusieurs plumes, pesant quatre karats neuf seizes, estimée trois cents livres, ci ...	4 k. $\frac{9}{16}$	300
21.	Une topaze d'orient, couleur citron, pâle, forme longue, à huit pans, ayant une plume au milieu, pesant trois karats treize seizes, estimée deux cents cinquante livres, ci	3 k. $\frac{13}{16}$	250
22.	Une topaze d'orient, couleur citron, forme longue, à huit pans, ayant une forte plume qui traverse, pesant trois karats douze seizes, estimée deux cents livres, ci	3 k. $\frac{12}{16}$	200
	De cette part		146,954

...s.	DÉSIGNATION.	POIDS.	ESTIMATION.
	Report.........		146,954th
3.	Une topaze d'orient, couleur citron, forme carrée-long, à huit pans, épaisse et mal nette, pesant cinq karats neuf seizes, estimée trois cents livres, ci.......	5 k. $\frac{9}{16}$	300
24.	Une topaze d'orient, foible en couleur, forme carré long, à huit pans, ayant une glace et une fumée, pesant quatre karats quatre seizes, estimée deux cents livres, ci...	4 k. $\frac{4}{16}$	200
25.	Une topaze d'orient, couleur citron, forme longue, à huit pans, nette, pesant quatre karats six seizes, estimée quatre cents livres, ci..................	4 k. $\frac{6}{16}$	400
26.	Une topaze d'orient, couleur citron, forme longue arrondie, ayant quelques points sur le bord du fileis, pesant trois karats deux seizes, estimée cent cinquante livres, ci............	3 k. $\frac{2}{16}$	150
27.	Une topaze d'orient, couleur citron, forme		
	De cette part......		148,004

Nos.	DÉSIGNATION.	POIDS.	ESTIMATION.
	Report.		148,004tt
	carrée, à huit pans, vive et nette, avec une forte égrisure au-dessous, pesant deux karats douze seizes, estimée deux cents livres, ci . . .	2 k. $\frac{12}{16}$	200
28.	Une topaze d'orient, très-foible en couleur, forme carré long, émoussé, vive et nette, pesant trois karats dix seizes, estimée cent cinquante livres, ci	3 k. $\frac{10}{16}$	150
29.	Une topaze d'orient, couleur citron, forme ovale, vive et mal nette, pesant quatre karats, estimée trois cents liv., ci	4 k.	300
30.	Une topaze d'orient, couleur citron, forme à huit pans, mal nette, pesant six karats, estimée quatre cents livres, ci	6 k.	400
31.	Une topaze d'orient, foible en couleur, forme presque ronde, ayant une fumée, pesant six karats treize seizes, estimée deux cents livres, ci	6 k. $\frac{13}{16}$	200
	De cette part.		149,254

Nos.	DÉSIGNATION.	POIDS.	ESTIMATION.
	Report		149,254#
32.	Une topaze d'orient, foible en couleur, forme à huit pans, avec une fumée et mal nette, pesant quatre karats quatre seizes, estimée deux cents livres, ci	4 k. $\frac{4}{16}$	200
33.	Une topaze d'orient, couleur citron pâle, forme longue, à huit pans, mal nette, pesant trois karats onze seizes, estimée cent cinquante livres, ci	3 k. $\frac{11}{16}$	150
34.	Trente-cinq topazes d'orient, de différentes formes, grosseurs et couleurs, pesant ensemble soizante-un karats quatre seizes, estimées, à quarante livres le karat, deux mille quatre cents cinquante livres, ci	61 k. $\frac{4}{16}$	2,450
	ÉMERAUDES.		
1.	Une grande émeraude carrée, de la plus belle couleur, mal nette, pesant seize karats onze seizes, estimée douze mille liv., ci	16 k. $\frac{11}{16}$	12,000
	De cette part		164,054

Nos.	DÉSIGNATION.	POIDS.	ESTIMATION.
	Report.......		164,054ᵗᵗ
	No. 58 de l'art. 8, inventaire 1774.		
2.	Une émeraude de belle couleur, forme à six pans, glaceuse, taillée en cabochon par-dessous, pesant vingt karats neuf seizes, estimée six mille livres, ci.....	20 k. $\frac{9}{16}$	6,000
	No. 4 de l'art. 8, inventaire 1774.		
3.	Une émeraude de belle couleur, forme à six pans, glaceuse, pesant dix karats, estimée trois mille livres, ci........	10 k.	3,000
	No. 51 de l'art. 8, inventaire 1774.		
4.	Une émeraude de très-belle couleur, forme pendeloque, cassée d'un bout, mal nette, pesant treize karats trois seizes, estimée quinze cents livres, ci.............	13 k. $\frac{3}{16}$	1,500
	No. 28 de l'art. 7, inventaire 1774.		
5.	Une émeraude de belle couleur, forme pendeloque, percée d'un bout et bouchée avec de l'or,		
	De cette part.....		174,554

Nos.	DÉSIGNATION	POIDS.	ESTIMATION.
	Report.		174,554tt
	pesant dix karats dix seizes, estimée trois mille livres, ci.	10 k. $\frac{10}{16}$	3,000
	No. 28 de l'art. 7, inventaire 1774.		
6.	Une émeraude de belle couleur, épaisse, forme longue, à huit pans, glaceuse, pesant neuf karats cinq seizes, estimée trois mille livres, ci.	9 k. $\frac{5}{16}$	3,000
	No. 24 de l'art. 7, inventaire 1774.		
7.	Une émeraude de bonne couleur, forme à huit pans et glaceuse, pesant cinq karats deux seizes, estimée mille liv., ci. . .	5 k. $\frac{2}{16}$	1,000
	No. 20 de l'art. 8, inventaire 1774.		
8.	Une émeraude d'étendue, très-foible en couleur, forme longue à huit pans, remplie de glaces, le dessous cabochon, pesant six karats deux seizes, estimée trois cents livres, ci.	6 k. $\frac{2}{16}$	300
	No. 75 de l'art. 8, inventaire 1774.		
	De cette part.		181,854

Nos.	DÉSIGNATION.	POIDS.	ESTIMATION.
	Report........		181,854tt
9.	Une émeraude d'étendue, de bonne couleur, forme pendeloque à cinq pans et mal nette, pesant trois karats dix seizes, estimée six cents livres, ci............	3 k. $\frac{10}{16}$	600
	No. 62 de l'art. 8, inventaire 1774.		
10.	Une émeraude foible en couleur, épaisse, forme à huit pans, et glaceuse, pesant six karats dix seizes, estimée trois cents livres, ci...	6 k. $\frac{10}{16}$	300
	No. 16 de l'art. 8, inventaire 1774.		
11.	Une émeraude d'étendue, foible en couleur, forme longue à huit pans, et glaceuse, pesant quatre karats quatre seizes, estimée six cents livres, ci........	4 k. $\frac{4}{16}$	600
	No. 33 de l'art. 8, inventaire 1774.		
12.	Une émeraude de belle couleur, forme ovale, extrêmement glaceuse, pesant cinq karats dix seizes, estimée quatre cents livres, ci.......	5 k. $\frac{10}{16}$	400
	De cette part......		183,754

Nos.	DÉSIGNATION.	POIDS.	ESTIMATION.
	Report.		183,754tt
	No. 23 de l'art. 8, inventaire 1774.		
13.	Une émeraude de bonne couleur, forme à huit pans, un peu glaceuse, pesant quatre karats deux seizes, estimée huit cents livres, ci	4 k. $\frac{2}{16}$	800
	Partie du no. 9 de l'art. 7, inventaire 1774.		
14.	Une émeraude foible en couleur, forme carrélong, les coins émoussés, le dessous cabochon, et glaceuse, pesant quatre karats deux seizes, estimée deux cents livres, ci	4 k. $\frac{2}{16}$	200
	Partie du no. 9 de l'art. 7, inventaire 1774.		
15.	Une émeraude de bonne couleur, forme longue à huit pans, et glaceuse, pesant trois karats sept seizes, estimée cinq cents livres, ci	3 k. $\frac{7}{16}$	500
	Partie du no. 62 de l'art. 8, inventaire 1774.		
16.	Une émeraude foible		
	De cette part		185,254

Nos.	DÉSIGNATION.	POIDS.	ESTIMATION.
	Report........		185,254tt
	en couleur, forme longue à huit pans, cabochon en dessous et très-glaceuse, pesant quatre karats un seize, estimée deux cents livres, ci...	4 k. $\frac{1}{16}$	200
	Partie du n°. 54 de l'art. 4, inventaire 1774.		
17.	Une émeraude foible en couleur et d'étendue, forme à six pans et nette, pesant trois karats cinq seizes, estimée quatre cents livres, ci....................	3 k. $\frac{5}{16}$	400
	No. 19 de l'art. 8, inventaire 1774.		
18.	Une émeraude de bonne couleur, forme à six pans, nette, pesant trois karats cinq seizes, estimée cinq cents liv., ci....................	3 k. $\frac{5}{16}$	500
	Partie du no. 84 de l'art. 8, inventaire 1774.		
	Signé Thierry, Crecy, Menière, J. C. Loury, Landgraff, Bion, Christin, Delattre.		
	De cette part......		186,354

Nos.	DÉSIGNATION.	POIDS.	ESTIMATION.
	Report.	. . . .	186,354^{tt}
	Du 26 Juillet.		
19.	Une émeraude de bonne couleur, forme longue émoussée, cabochon en dessous et glaceuse, pesant trois karats cinq seizes, estimée quatre cents liv., ci . . .	3 k. $\frac{5}{16}$	400
	Partie du no. 84 de l'art. 8, inventaire 1774.		
20.	Une émeraude de belle couleur, forme carré long à huit pans, glaceuse et mal nette, pesant deux karats dix seizes, estimée trois cents livres, ci	2 k. $\frac{10}{16}$	300
	Partie de l'art. 8, inventaire 1774.		
21.	Une émeraude foible en couleur et d'étendue, forme carrée arrondie, glaceuse et mal nette, pesant trois karats quatre seizes, estimée deux cents livres, ci	3 k. $\frac{4}{16}$	200
	Partie de l'art. 8, inventaire 1774.		
22.	Une émeraude foible en couleur, forme car-		
	De cette part.		187,254

N 3

Nos.	DÉSIGNATION.	POIDS.	ESTIMATION.
	Report........		187,254tt
	rée arrondie, glaceuse et mal nette, le dessous cabochon, pesant trois karats dix seizes, estimée cent cinquante livres, ci..................	3 k. $\frac{10}{16}$	150
	Partie de l'art. 3, inventaire 1774.		
23.	Une émeraude foible en couleur, forme carré long arrondi, le dessous cabochon, sur lequel est un fort cran, glaceuse et mal nette, pesant trois karats, estimée cent cinquante liv. ci..................	3 k.	150
	Partie de l'art. 8, inventaire 1774.		
24.	Une émeraude de bonne couleur, forme carrée arrondie, cabochon par-dessous, mal nette, pesant trois karats douze seizes, estimée trois cents livres, ci...	3 k. $\frac{12}{16}$	300
	Partie de l'art. 8, inventaire 1774.		
25.	Cent neuf émeraudes, y compris une forte égrisure, lesdites de différentes formes, gros-		
	De cette part.......		187,854

Nos.	DÉSIGNATION.	POIDS	ESTIMATION.
	Report......		187,854tt
	seurs et couleurs, glaceuses et mal nettes, pesant ensemble cent trente-sept karats, estimées à soixante livres le karat, huit mille deux cents vingt livres, ci...	137 k.	8,220
	SAPHIRS.		
1.	Un gros morceau de saphir, forme lozange à six pans, poli à plat sur toutes les faces, deux vives arrêtes arrondies, vif et net, pesant cent trente-deux karats un seize, estimé cent mille livres, ci............	132 k. $\frac{1}{16}$	100,000
	No. 4 de l'art. 1, inventaire 1774.		
2.	Un saphir d'orient, de belle couleur, vif et net, forme longue à huit pans, ayant un cran au bord du filetis, plus de couleur sur les bouts, pesant vingt-sept karats treize seizes, estimé six mille livres, ci........	27 k. $\frac{13}{16}$	6,000
	No. 8 de l'art. 8, inventaire 1774.		
	De cette part......		302,074

Nos.	DÉSIGNATION.	POIDS.	ESTIMATION.
	Report.		302,074 ₶
3.	Un saphir d'orient, riche en couleur, vif, ayant une égrisure et un peu de nature à côté de l'égrisure, forme à huit pans, pesant vingt-sept karats trois seizes, estimé douze mille liv. ci.	27 k. $\frac{3}{16}$	12,000
	No. 22 de l'art. 8, inventaire 1774.		
4.	Un saphir d'orient, ovale-allongé, couleur saphir des deux bouts, et topaze au milieu, pesant dix-neuf karats deux seizes, estimé six mille livres, ci.	19 k. $\frac{2}{16}$	6,000
5.	Un saphir d'orient, de bonne couleur, forme longue à huit pans, ayant une égrisure au bord du filetis et mal net, pesant douze karats dix seizes, estimé quinze cents livres, ci.	12 k. $\frac{10}{16}$	1,500
	No. 40, art. 8, inventaire 1774.		
6.	Un saphir d'orient, de belle couleur, forme longue à huit pans, vif et net, pesant douze karats		
	De cette part.		321,574

N^os^.	DÉSIGNATION.	POIDS.	ESTIMATION.
	Report........		321,574^ll^
	six seizes, estimé trois mille livres, ci........	12 k. $\frac{6}{16}$	3,000
	No. 34 de l'art. 8, inventaire 1774.		
7.	Un saphir d'orient de bonne couleur, forme carré long, à huit pans, la table taillée en cabochon, et mal net, pesant treize karats dix seizes, estimé huit cents livres, ci..................	13 k. $\frac{10}{16}$	800
	No. 3 de l'art. 8, inventaire 1774.		
8.	Un saphir d'orient, foible en couleur, forme carré long, à huit pans, vif et net, pesant dix karats onze seizes, estimé quinze cents livres, ci..................	10 k. $\frac{11}{16}$	1,500
	No. 53 de l'art. 8, inventaire 1774.		
9.	Un saphir d'orient, de première couleur, forme carré long, à huit pans, louche, mais net, pesant dix karats un seize, estimé mille livres, ci..	10 k. $\frac{1}{16}$	1,000
	No. 93, art. 8, inventaire 1774.		
	De cette part.......		327,874

Nos.	DÉSIGNATION.	POIDS.	ESTIMATION.
	Report.		327,874ᵗᵗ
10.	Un saphir d'orient, de belle couleur, d'étendue, de forme ovale-allongé, un bout plus étroit que l'autre, mal net, pesant cinq karats neuf seizes, estimé huit cents livres, ci	5 k. $\frac{9}{16}$	800
	No. 22 de l'art. 8, inventaire 1774.		
11.	Un saphir d'orient, foible en couleur, forme carré long, à huit pans, la table taillée en cabochon, plusieurs glaces, pesant six karats douze seizes, estimé cinq cents livres, ci	6 k. $\frac{12}{16}$	500
	No. 12 de l'art. 8, inventaire 1774.		
12.	Un saphir d'orient, de bonne couleur, forme ovale-allongé, ayant une égrisure au bord du filetis, vif et net, pesant six karats trois seizes, estimé sept cents livres, ci	6 k. $\frac{3}{16}$	700
	No. 21 de l'art. 8, inventaire 1774.		
13.	Un saphir d'orient, très-foible en couleur,		
	De cette part.		329,874

Nos.	DÉSIGNATION.	POIDS.	ESTIMATION.
	Report.......		329,874#
	forme longue à huit pans, égrisé au bord du filetis et mal net, pesant quatre karats neuf seizes, estimé cent cinquante livres, ci......	4 k. 9/16	150
	Partie du no. 54 de l'art. 8, inventaire 1774.		
14.	Un saphir d'orient, de bonne couleur, forme longue à huit pans, ayant deux crans au-dessous et mal net, pesant cinq karats dix seizes, estimé deux cents livres, ci...	5 k. 10/16	200
	Partie du no. 85 de l'art. 8, inventaire 1774.		
15.	Un saphir d'orient, foible en couleur, forme ovale-allongé, un bout applati et plus étroit et mal net, pesant trois karats douze seizes, estimé cent cinquante livres, ci..................	3 k. 12/16	150
	Partie du no. 27 de l'art. 8, inventaire 1774.		
16.	Un saphir d'orient, foible en couleur, forme longue à huit pans, très-glaceux, pesant six ka-		
	De cette part......		330,374

Nos.	DÉSIGNATION.	POIDS.	ESTIMATION.
	Report.		330,374tt
	rats huit seizes, estimé deux cents livres, ci. . .	6 k. $\frac{8}{16}$	200
	No. 28, art. 7, inventaire 1774.		
17.	Un saphir d'orient, foible en couleur, forme longue à huit pans, très-glaceux, pesant six karats huit seizes, estimé deux cents livres, ci. . .	6 k. $\frac{8}{16}$	200
	No. 28, art. 7, inventaire 1774.		
18.	Un saphir d'orient, foible en couleur, d'étendue, forme carré long à huit pans, ayant de fortes plumes, pesant six karats deux seizes, estimé trois cents livres, ci.	6 k. $\frac{2}{16}$	300
	Partie du no. 28, art. 7, inventaire 1774.		
19	Un saphir d'orient, foible en couleur, forme carrée à huit pans, ayant une forte fumée au milieu, pesant six karats douze seizes, estimé deux cents livres, ci.	6 k. $\frac{12}{16}$	200
	No. 28 de l'art. 8, inventaire 1774.		
	De cette part.		331,274

Nos.	DÉSIGNATION.	POIDS.	ESTIMATION.
	Report.		331,274tt
20.	Un saphir d'orient, foible en couleur, à huit pans, vif et net, pesant neuf karats deux seizes, estimé sept cents livres, ci....................	9 k. $\frac{2}{16}$	700
	No. 74 de l'art. 8, inventaire 1774.		
21.	Un saphir d'orient, de belle couleur, forme à huit pans, vif et net, pesant six karats sept seizes, estimé mille liv., ci....................	6 k. $\frac{7}{16}$	1,000
	Partie du no. 28, art. 7, inventaire 1774.		
22.	Un saphir d'orient, de belle couleur, forme à huit pans, vif et net, pesant neuf karats deux seizes, estimé deux mille livres, ci............	9 k $\frac{2}{16}$	2,000
	No. 59 de l'art. 8, inventaire 1774.		
23.	Un saphir d'orient, de bonne couleur, forme carrée à huit pans et mal net, pesant cinq		
	De cette part........		334,974

Nos.	DÉSIGNATION.	POIDS.	ESTIMATION.
	Report.		334,974 ₶
	karats, estimé quatre cents livres, ci.	5 k.	400
	Partie du no. 85 de l'art. 8, inventaire 1774.		
	Signé Thierry, Crecy, Menière, J. C. Loury, Landgraff, Bion, Christin, Delattre.		
	Du 27 juillet.		
24.	Un saphir d'orient, foible en couleur, à huit pans, ayant une égrisure sur l'un des coins, vif et net, pesant six karats huit seizes, estimé cinq cents livres, ci.	6 k. $\frac{8}{16}$	500.
25.	Un saphir d'orient, foible en couleur à huit pans, net, un coin applati par-dessous, pesant trois karats quatorze seizes, estimé deux cents livres, ci.	3 k. $\frac{14}{16}$	200
	No. 25 de l'art. 7, inventaire 1774.		
26.	Un saphir d'orient, foible en couleur, long, à huit pans, mal net, ayant une forte fumée,		
	De cette part.		336,074

Nos.	DÉSIGNATION.	POIDS.	ESTIMATION.
	Report........		336,074#
	pesant cinq karats douze seizes, estimé deux cents livres, ci............	5 k. $\frac{12}{16}$	200
	No. 108 de l'art 8, inventaire 1774.		
27.	Un saphir d'orient, inégal en couleur, long, à huit pans et net, pesant cinq karats sept seizes, estimé trois cents livres, ci............	5 k. $\frac{7}{16}$	300
	No. 91 de l'art. 8, inventaire 1774.		
28.	Un saphir d'orient, foible en couleur, tirant sur le saphir d'eau, long, à huit pans, vif et net, pesant cinq karats deux seizes, estimé trois cents livres, ci............	5 k. $\frac{2}{16}$	300
29.	Un saphir d'orient, foible en couleur, long à huit pans, vif et net, pesant quatre karats treise seizes, estimé trois cents livres, ci..	4 k. $\frac{13}{16}$	300
30.	Un saphir d'orient, foible en couleur, forme carrée à huit pans, une forte égrisure au bord		
	De cette part......		337,174

Nos.	DÉSIGNATION.	POIDS.	ESTIMATION.
	Report.		337,174tt
	du filetis, mal net et louche, pesant quatre karats douze seizes, estimé cent cinquante liv., ci	4 k. $\frac{12}{16}$	150
	No. 68 de l'art. 8, inventaire 1774.		
31.	Un saphir d'orient, de bonne couleur, ovale-allongé, ayant un fort cran au-dessous, vif et net, pesant quatre karats dix seizes, estimé trois cents livres, ci . . .	4 k. $\frac{10}{16}$	300
	Partie du no. 68 de l'art. 8, inventaire 1774.		
32.	Un saphir d'orient, forme à huit pans, de bonne couleur, vif et net, pesant cinq karats cinq seizes, estimé six cents livres, ci	5 k. $\frac{5}{16}$	600
	No. 85 de l'art. 8, inventaire 1774.		
33.	Un saphir d'orient, de bonne couleur, long, à huit pans et mal net, pesant quatre karats cinq seizes, estimé trois cents livres, ci	4 k. $\frac{5}{16}$	300
	Partie du no. 68 de l'art. 8, inventaire 1774.		
	De cette part.		338,524

N^os^.	DÉSIGNATION.	POIDS.	ESTIMATION.
	Report........		338,524ᵗᵗ
34.	Un saphir d'orient, foible en couleur, long, à huit pans, un peu louche, pesant trois karats treize seizes, estimé deux cents livres, ci...	3 k. $\frac{13}{16}$	200
	N°. 100 de l'art 8, inventaire 1774.		
35.	Un saphir d'orient, foible en couleur, ovale long, vif et net, pesant quatre karats trois seizes, estimé deux cents livres, ci.............	4 k. $\frac{3}{16}$	200
36.	Un saphir d'orient, foible en couleur, long, à huit pans, un peu louche, pesant quatre karats neuf seizes, estimé deux cents livres, ci.......	4 k. $\frac{9}{16}$	200
	Partie du n°. 98, art. 8, inventaire 1774.		
37.	Un saphir d'orient, foible en couleur, long, à huit pans et mal net, pesant quatre karats douze seizes, estimé deux cents livres, ci...	4 k. $\frac{12}{16}$	200
38.	Un saphir d'orient, foible en couleur, forme		
	De cette part......		339,324

Nos.	DÉSIGNATION.	POIDS.	ESTIMATION.
	Report........		339,324#
	à huit pans alongés, et mal net, pesant trois karats quatre seizes, estimé cent vingt livres, ci..................	3 k. $\frac{4}{16}$	120
	Partie du no. 71 de l'art. 8, inventaire 1774.		
39.	Un saphir d'orient, très-foible en couleur, forme longue à huit pans, et mal net, pesant trois karats huit seizes, estimé cent cinquante livres, ci.....	3 k. $\frac{8}{16}$	150
	Partie du no. 71 de l'art. 8, inventaire 1774.		
40.	Un saphir d'orient, de bonne couleur, forme longue, à huit pans, et mal net, pesant deux karats dix seizes, estimé cent vingt livres, ci...	2 k. $\frac{10}{16}$	120
41.	Un saphir d'orient, foible en couleur, forme carré-long à huit pans, et net, pesant trois karats sept seizes, estimé deux cents livres, ci...	3 k. $\frac{7}{16}$	200
	Partie du no. 71, art. 8, inventaire 1774.		
42.	Un saphir d'orient,		
	De cette part......		339,914

Nos.	DÉSIGNATION.	POIDS.	ESTIMATION.
	Report.......		339,914tt
	très-foible en couleur, forme carrée, à huit pans, et net, pesant trois karats douze seizes, estimé deux cents livres, ci...	3 k. $\frac{12}{16}$	200
	Partie du no. 98, art. 8, inventaire 1774.		
43.	Un saphir d'orient, foible en couleur, forme longue, à huit pans, et mal net, pesant deux karats quinze seizes, estimé cent vingt livres, ci..................	2 k. $\frac{15}{16}$	120
44.	Un saphir d'orient, foible en couleur, forme carrée, à huit pans, pesant trois karats huit seizes, estimé trois cents livres, ci.	3 k. $\frac{8}{16}$	300
45.	Un saphir d'orient, foible et inégal en couleur, forme ovale, et net, pesant quatre karats neuf seizes, estimé deux cents livres, ci...	4 k. $\frac{9}{16}$	200
46.	Un saphir d'orient, de bonne couleur, forme ronde, vif et net, pe-		
	De cette part........		340,734

Nos.	DÉSIGNATION.	POIDS.	ESTIMATION.
	Report.......		340,734#
	sant deux karats quatorze seizes, estimé deux cents livres, ci.	2 k. $\frac{14}{16}$	200
47.	Un saphir d'orient, foible en couleur, forme à huit pans, vif et net, pesant trois karats neuf seizes, estimé deux cents livres, ci............	3 k. $\frac{9}{16}$	200
48.	Un saphir d'orient, de bonne couleur, mais inégale, forme ovale, long et net, pesant trois karats trois seizes, estimé deux cents livres, ci...................	3 k. $\frac{3}{16}$	200
49.	Un saphir d'orient, foible en couleur, forme carrée, à huit pans, et net, pesant deux karats quinze seizes, estimé deux cents livres, ci...	2 k. $\frac{15}{16}$	200
50.	Un saphir d'orient, foible en couleur, forme longue, à huit pans, égrisé d'un coin, et mal net, pesant deux karats quinze seizes, estimé deux cents livres, ci...	2 k. $\frac{15}{16}$	200
	De cette part......		341,734

Nos.	DÉSIGNATION.	POIDS.	ESTIMATION.
	Report.......		341,734tt
51.	Un saphir d'orient, de bonne couleur, forme en cœur, égrisé d'un coin, vif et mal net, pesant trois karats quatre seizes, estimé trois cents livres, ci.............	3 k. $\frac{4}{16}$	300
52.	Quatre-vingt-quatre saphirs d'orient, de différentes formes, grosseurs et couleurs, pesant ensemble cent quarante-quatre karats huit seizes, estimés, à soixante livres le karat, huit mille six cents soixante-dix livres, ci..	144 k. $\frac{8}{16}$	8,670
	La totalité des saphirs d'orient monte à la somme de 152,930 liv.		
	AMÉTHYSTES ORIENTALES.		
1.	Une améthyste émoussée, foible en couleur, vive et nette, pesant treize karats huit seizes, estimée six mille livres, ci.................	13 k. $\frac{8}{16}$	6,000
	De cette part.....		356,704

Nos.	DÉSIGNATION.	POIDS.	ESTIMATION.
	Report.		356,704tt
	No. 26 de l'art. 7, inventaire 1774.		
2.	Une améthyste foible et inégale en couleur, forme alongée, à huit pans, vive et nette, pesant trois karats treize seizes, estimée six cents livres, ci.	3 k. $\frac{13}{16}$	600
	No. 87 de l'art. 8, inventaire 1774.		
	Une améthyste foible en couleur, forme à huit pans, vive et mal nette, pesant deux karats, estimée deux cents liv., ci	2 k.	200
	Les améthystes montent en totalité à la somme de 6,800 liv.		
	GRENATS SYRIENS.		
1.	Un grenat syrien, d'étendue, de belle couleur, forme carrée, à huit pans et mal net, pesant cinq karats, estimé douze cents livres, ci.	5 k.	1,200
	De cette part.		358,704

Nos.	DÉSIGNATION.	POIDS.	ESTIMATION.
	Report........		358,704ᵗᵗ
	No. 9 de l'art. 8, inventaire 1774.		
2.	Un grenat syrien, de bonne couleur, forme chapeau, cabochon en-dessous et trois crans, égrisé sur le bord du filetis, vif et net, pesant quatre karats deux seizes, estimé trois cents livres, ci............	4 k. $\frac{2}{16}$	300
	No. 9, art. 7, inventaire 1774.		
3.	Un grenat syrien, d'étendue, de bonne couleur, forme chapeau, à six pans, vif et net, pesant deux karats douze seizes, estimé trois cents livres, ci............	2 k. $\frac{12}{16}$	300
	No. 13, art. 8, inventaire 1774.		
4.	Un grenat syrien, de bonne couleur, forme alongée, à huit pans, vif et net, pesant deux karats douze seizes, estimé trois cents livres, ci.	2 k. $\frac{12}{16}$	300
	No. 13, art. 8, inventaire 1774.		
	De cette part......		359,604

N^os^.	DÉSIGNATION.	POIDS.	ESTIMATION.
	Report........		359,604tt
5.	Un grenat syrien, d'étendue, bonne couleur, forme à huit pans, ayant plusieurs égrisures au bord du filetis, vif et net, pesant trois karats dix seizes, estimé trois cents livres, ci..................	3 k. $\frac{10}{16}$	300
6.	Un grenat syrien, de bonne couleur, forme alongée, à huit pans, ayant un cran sur le dessous, pesant deux karats quinze seizes, estimé deux cents livres, ci..................	2 k. $\frac{15}{16}$	200
7.	Un grenat syrien, de couleur un peu louche, forme huit pans, et mal net, pesant trois karats douze seizes, estimé trois cents livres, ci....	3 k. $\frac{12}{16}$	300
8.	Neuf pierres de différentes grosseurs et qualités, comme améthystes, grenats, pesant ensemble seize karats, estimées deux cents liv., ci..................	16 k.	200
	De cette part.......		360,604

Nos.	DÉSIGNATION.	POIDS.	ESTIMATION.
	Report........		360,604tt
	La totalité des grenats monte à la somme de 3,100 livres.		
	TOTAL des pierres de couleurs..............	....	360,604
	Signé Thierry, Crecy, Menière, J. C. Loury, Landgraff, Bion, Christin, Delattre.		

CHAPITRE IV.

DES PARURES DE DIAMANS.

Du 28 Juillet 1791.

Nos.	DÉSIGNATION.	POIDS.	ESTIMATION.
	MM. les experts jouailliers ont observé que tous les diamans compris sous ce chapitre, étant montés, ils ne pouvoient en désigner le poids que par approximation,		
	SAVOIR :		
	PARURE BLANCHE,		
	La toison de la parure dite blanche.		
	Belière.		
1.	Un diamant brillant, d'étendue, forme carrée-arrondie, de bonne eau, paroît être celui désigné en l'inventaire de 1774, et annoncé peser dix karats un seize, estimé vingt-quatre mille livres, ci............	10 k. $\frac{1}{16}$	24,000tt
	Bas de la belière.		
2.	Un gros diamant brillant, carré, arrondi,		
	De cette part.....		24,000

Nos.	DÉSIGNATION.	POIDS.	ESTIMATION.
	Report.		24,000tt
	égrisé au bord du filetis, avec taches et points noirs, d'eau un peu brune, annoncé peser vingt karats six seizes, estimé cinquante mille livres, ci.	20 k. $\frac{6}{16}$	50,000
	Milieu.		
3.	Un très-grand diamant brillant, carré-long-arrondi, ayant peu de dessous, blanc et net, annoncé peser vingt-quatre karats onze seizes, estimé deux cents quarante mille livres, ci.	24 k. $\frac{11}{16}$	240,000
	Brillant du milieu de la flâme.		
4.	Un diamant brillant, carré-long-arrondi, d'eau un peu brune, ayant un point noir sur l'un des coins, et une glace de l'autre, annoncé peser vingt-trois karats trois seizes, estimé soixante-dix mille liv., ci.	23 k. $\frac{3}{16}$	70,000
	Premier chaton à droite du haut.		
5.	Un diamant brillant,		
	De cette part.		384,000

Nos.	DÉSIGNATION.	POIDS.	ESTIMATION.
	Report........		384,000#
	de forme ronde, de bonne eau et net, annoncé peser deux karats six seizes, estimé dix-huit cents liv., ci..................	2 k. 6/16	1,800
	Second chaton à droite.		
6.	Un diamant brillant ovale, ayant de petites égrisures au bord du filetis, d'eau crystalline, annoncé peser quatre karats deux seizes, estimé cinq mille livres, ci............	4 k. 2/16	5,000
	Troisième chaton à droite.		
7.	Un diamant brillant, carré-arrondi, blanc et net, annoncé peser trois karats douze seizes, estimé trois mille liv., ci...	3 k. 12/16	3,000
	Quatrième chaton à droite.		
8.	Un diamant brillant, forme carrée-arrondie, ayant plusieurs petits points noirs, de bonne eau et net, annoncé peser trois karats un seize, estimé deux mille deux cents livres, ci...	3 k. 1/16	2,200
	De cette part......		396,000

Nos.	DÉSIGNATION.	POIDS.	ESTIMATION.
	Report........		396,000 ₶
	Premier chaton à gauche.		
9.	Un diamant brillant, forme carrée-arrondie, de bonne eau, annoncé peser deux karats huit seizes, estimé dix-huit cents livres, ci.......	2 k. $\frac{8}{16}$	1,800
	Second chaton à gauche.		
10.	Un diamant brillant ovale, de bonne eau et net, annoncé peser quatre karats cinq seizes, estimé cinq mille livres, ci............	4 k. $\frac{5}{16}$	5,000
	Troisième chaton à gauche.		
11.	Un diamant brillant, forme ronde, de bonne eau et net, annoncé peser trois karats cinq seizes, estimé trois mille livres, ci............	3 k. $\frac{5}{16}$	3,000
	Quatrième chaton à gauche.		
12.	Un diamant brillant, forme ronde, de bonne eau, annoncé peser deux karats onze seizes, esti-		
	De cette part.....		405,800

Nos.	DÉSIGNATION.	POIDS.	ESTIMATION.
	Report.		405,800tt
	mé deux mille deux cents livres, ci.	2 k. $\frac{11}{16}$	2,200
13.	Le surplus des diamans composant ladite toison, monte en total à cent soixante-trois brillans, tant blancs que peints en jaune, et en outre à quatre-vingt rubis qui forment les flâmes, le tout dans l'ordre ci-après, SAVOIR: 1o. Quinze brillans blancs dans la première palme de la belière. 2o. Vingt-sept brillans blancs dans la seconde palme. 3o. Trente-un brillans blancs dans la troisième palme. 4o. Quatre-vingt-dix brillans peints en jaune, formant la toison. 5o. Enfin quatre-vingt rubis formant les flâmes. Le tout estimé cinq mille livres, ci.	. . . .	5,000
	L'estimation totale de la toison, composée de		
	De cette part.		413,000

Nos.	DÉSIGNATION.	POIDS.	ESTIMATION.
	Report........		413,000 ₶
	1,255 pierres, tant brillans que rubis, monte à 413,000 livres.		
	Formant l'art. 19 de l'inventaire 1774.		
	PLAQUE DE L'ORDRE DU St.-ESPRIT.		
	Milieu du saint-esprit.		
1.	Un diamant brillant, forme ovale, plus pointu d'un bout, ayant la culasse un peu large, quelqu'égrisure au bord du filetis, blanc et net, annoncé peser quatorze karats neuf seizes, estimé soixante-dix mille livres, ci.............	14 k. $\frac{9}{16}$	70,000
	Tête du saint-esprit.		
2.	Un diamant brillant, forme en cœur, ayant les bords du filetis et une facette égrisée, d'eau un peu jaune, et net, annoncé peser neuf karats neuf seizes, estimé quinze mille livres, ci.................	9 k. $\frac{9}{16}$	15,000
	Queue du saint-esprit.		
3.	Un diamant brillant,		
	De cette part......		498,000

Nos.	DÉSIGNATION.	POIDS.	ESTIMATION.
	Report.		498,000#
	d'étendue, forme ovale, à six pans, ayant plusieurs égrisures sur le bord du filetis, la culasse large, blanc et net, annoncé peser huit karats, estimé vingt-quatre mille livres, ci	8 k.	24,000
	Aîle droite.		
4.	Un diamant brillant, forme ovale alongée, les bords du filetis égrisés, de bonne eau, annoncé peser douze karats deux seizes, estimé cinquante mille livres, ci	12 k. $\frac{2}{16}$	50,000
	Aîle gauche.		
5.	Un diamant brillant, forme ovale, plus étroit d'un bout que de l'autre, ayant du côté étroit une glace, d'eau brune, annoncé peser treize karats dix seizes, estimé trente mille livres, ci..	13 k. $\frac{10}{16}$	30,000
	Première fleur de lis à droite.		
6.	Un diamant brillant, carré-long arrondi, blanc, mal net et glaceux, annoncé peser		
	De cette part......		602,000

Nos.	DÉSIGNATION.	POIDS.	ESTIMATION.
	Report.		602,000tt
	douze karats quatre seizes, estimé trente-cinq mille livres, ci	12 k. $\frac{4}{16}$	35,000
	Deuxième fleur de lis.		
7.	Un diamant brillant, d'étendue, forme lozange, ayant une tache brune sur le bord du filetis, blanc, annoncé peser neuf karats dix seizes, estimé trente mille livres, ci	9 k. $\frac{10}{16}$	30,000
	Troisième fleur de lis.		
8.	Un diamant brillant, forme lozange, ayant les bords du filetis égrisés, d'eau laiteuse et glaceuse, annoncé peser sept karats cinq seizes, estimé quinze mille livres, ci	7 k. $\frac{5}{16}$	15,000
	Quatrième fleur de lis.		
9.	Un diamant brillant, épais, forme carrée-arrondie, d'eau un peu jaune, annoncé peser onze karats cinq seizes, estimé vingt-quatre mille livres, ci	11 k. $\frac{5}{16}$	24,000
10.	Le surplus des diamans composans ladite		
	De cette part.		706,000

Nos.	DÉSIGNATION.	POIDS.	ESTIMATION
	Report	...	706,000tt
	plate, monte en total à deux cents quatre-vingt-dix brillans blancs, et un petit rubis formant le bec du saint-esprit:		
	SAVOIR:		
	1°. Douze dans les quatre petits fleurons des fleurs de lis.		
	2°. Soixante-trois dans le tour du saint-esprit.		
	3°. Cent soixante-douze dans les quatre branches de la croix.		
	4°. Vingt-six dans les aîles du saint-esprit.		
	5°. Dix-sept dans la queue du saint-esprit.		
	6°. Enfin un petit rubis formant le bec du saint-esprit.		
	Le tout estimé trente-un mille livres, ci	....	31,000
	La totalité de cette parure estimée 324,000 l.		
	Formant l'art. 21, inventaire 1774.		
	Signé Thierry, Crecy, Menière, J. C. Loury, Landgraff, Bion, Christin, Delattre.		
	De cette part		737,100

Nos.	DÉSIGNATION.	POIDS.	ESTIMATION.
	Report		737,000tt
	Du 29 juillet.		
	ÉPAULETTE.		
1.	Un diamant, forme pendeloque, taillé en rose, de bonne eau et net, numéroté 6 sur sa monture, annoncé peser huit karats treize seizes, estimé dix mille livres, ci	8 k. $\frac{13}{16}$	10,000
2.	Un diamant, forme pendeloque, un peu lozange, assorti à celui ci-dessus, et numéroté 28 sur sa monture, annoncé peser huit karats sept seizes, estimé dix mille livres, ci	8 k. $\frac{7}{16}$	10,000
3.	Un diamant fort épais, forme chapeau, d'eau crystaline, taillé en rose, ayant une petite table sur le milieu de la pierre, et numéroté 7 sur sa monture, annoncé peser dix-neuf karats, estimé soixante-dix mille livres, ci.	19 k.	70,000
4.	Un diamant, forme carré-long-arrondi,		
	De cette part		827,000

Nos.	DÉSIGNATION.	POIDS.	ESTIMATION.
	Report.........		827,000#
	taillé en rose, ayant plusieurs points noirs, numéroté 51 sur sa monture, annoncé peser douze karats sept seizes, estimé vingt-quatre mille livres, ci.......	12 k. $\frac{7}{16}$	24,000
5.	Un diamant, forme à six pans, d'étendue, taillé en rose, ayant des égrisures au bord du filetis, numéroté 76 sur sa monture, annoncé peser treize karats deux seizes, estimé trente-deux mille livres, ci...	13 k. $\frac{2}{16}$	32,000
6.	Un diamant d'étendue, forme ovale, mal formée taillé en rose, ayant plusieurs glaces et égrisures au bord du filetis et points noirs, numéroté 58 sur sa monture, annoncé peser seize karats huit seizes, estimé trente mille livres, ci..	16 k. $\frac{8}{16}$	30,000
7.	Un diamant, forme chapeau presque rond, taillé en rose, de bonne eau, ayant les bords du filetis égrisés, avec glace et points noirs, numé-		
	De cette part......		913,000

Nos.	DÉSIGNATION.	POIDS.	ESTIMATION.
	Report.......		913,000#
	roté 22 sur sa monture, annoncé peser dix karats deux seizes, estimé vingt mille livres, ci...	10 k. $\frac{2}{16}$	20,000
8.	Un diamant, forme en cœur, mal formé, taillé en rose, de bonne eau, ayant les bords du filetis égrisés, rempli de glaces et taches noires, numéroté 57 sur sa monture, annoncé peser onze karats onze seizes, estimé vingt mille livres, ci.......	11 k. $\frac{11}{16}$	20,000
9.	Un diamant, forme ovale, presque rond, taillé en rose, de bonne eau, les bords du filetis égrisés, et glaceux, numéroté 67 sur sa monture, annoncé peser onze karats quatorze seizes, estimé vingt-huit mille livres, ci.......	11 k. $\frac{14}{16}$	28,000
10.	Un diamant, forme à cinq pans, presque rond, taillé en rose, de bonne eau et mal net, numéroté 68 sur sa monture, annoncé peser onze karats trois seizes, estimé		
	De cette part......		981,000

Nos.	DÉSIGNATION.	POIDS.	ESTIMATION.
	Report.		981,000tt
	vingt-quatre mille liv., ci..................	11 k. $\frac{3}{16}$	24,000
11.	Un diamant ovale, mal formé, taillé en rose, de bonne eau et net, numéroté 50 sur sa montre, annoncé peser dix karats quatre seizes, estimé trente-quatre mille livres, ci............	10 k. $\frac{4}{16}$	34,000
12.	Un diamant ovale, mal formé, taillé en rose, de bonne eau et net, annoncé peser trois karats quinze seizes, estimé quatre mille liv., ci...	3 k. $\frac{15}{16}$	4,000
	La totalité de cette parure, composée de douze diamans, estimée 306,000 livres.		
	Formant l'art. 17, inventaire 1774.		
	CROIX DU CORDON DE L'ORDRE DU SAINT-ESPRIT.		
	La bélière.		
1.	Un grand diamant, carré-long, de bonne eau, fort épais, à quatre		
	De cette part.		1,043,000

Nos.	DÉSIGNATION.	POIDS.	ESTIMATION.
	Report.......		1,043,000 ₶
	faces, quelques petites facettes sur les filetis et sur les vives-arrêtes, et irrégulièrement taillé, la tablette très-petite, annoncé peser vingt-un karats onze seizes, estimé cinquante mille liv., ci..................	21 k. $\frac{11}{16}$	50,000
	Milieu du saint-esprit.		
2.	Un grand diamant, d'étendue, taillé en bateau, forme pendeloque, blanc et net, annoncé peser douze karats trois seizes, estimé trente-six mille livres, ci.......	12 k. $\frac{3}{16}$	36,000
	Tête du saint-esprit.		
3.	Un diamant brillant, forme chapeau, d'eau un peu jaune et mal net, annoncé peser quatre karats sept seizes, estimé quatre mille livres, ci..	4 k. $\frac{7}{16}$	4,000
	Queue du saint-esprit.		
4.	Un diamant brillant, forme chapeau, d'étendue, de bonne eau, ayant les bords du filetis égrisés, glaceux et mal net, annoncé peser six karats cinq seizes, estimé douze mille livres, ci.......	6 k. $\frac{5}{16}$	12,000
	De cette part......		1,145,000

Nos.	DÉSIGNATION.	POIDS.	ESTIMATION
	Report		1,145,000#
	Aîle droite.		
5.	Un diamant brillant, de grande étendue, blanc, ayant une glace noire, annoncé peser neuf karats quatre seizes, estimé trente-six mille livres, ci	9 k. 4/16	36,000
	Aîle gauche.		
6.	Un diamant brillant, de grande étendue, de bonne eau, forme pendeloque, annoncé peser huit karats quatorze seizes, estimé vingt-six mille livres, ci	8 k. 14/16	26,000
7.	Le surplus des diamans composant ladite croix, monte en total à cent quarante-trois diamans,		
	SAVOIR:		
	Brillans du côté du saint-esprit.		
	1°. Vingt dans les quatre fleurs de lis.		
	2°. Quarante-un dans les quatre branches de la croix.		
	3°. Huit autour du trou où se passe l'anneau de la bélière.		
	De cette part		1,207,000

Nos.	DÉSIGNATION.	POIDS.	ESTIMATION.
	Report.		1,207,000tt
	Croix de l'ordre du saint-esprit.		
	4°. Quinze dans l'anneau de la bélière.		
	Total, quatre-vingt-quatre brillans.		
	Demi-brillans et roses dans le dessous de la croix.		
	1°. Vingt dans les quatre fleurs de lis. 2°. Trente-deux dans les quatre branches de la croix. 3°. Sept autour du trou où passe l'anneau de la bélière.		
	Total, cinquante-neuf brillans et roses, le tout estimé trente-six mille livres, ci............	....	36,000
	La totalité de ladite croix estimée à la somme de 200,000 livres.		
	Formant l'art. 20 de l'inventaire 1774.		
	L'écrin qui contenoit les bijoux dont la description vient d'être faite, contenoit une		
	De cette part.		1,243,000

Nos.	DÉSIGNATION.	POIDS.	ESTIMATION.
	Report.........		1,243,000tt
	épaulette de diamans et une paire de boutons aussi en diamans ; mais le sieur Lemoine-Crecy ayant observé que ces bijoux appartenoient au roi, et n'avoient point été composés avec les diamans de la couronne, nous avons cru devoir nous dispenser de les comprendre au présent inventaire.		
	Après quoi il nous a été présenté un autre écrin contenant l'une des parures du roi, dite *de couleur*, dont nous avons continué l'inventaire ainsi qu'il suit.		
	PARURE DE COULEUR.		
	LA TOISON.		
1.	Un très-grand diamant brillant, bleu, de la plus riche couleur, forme triangle, parfait dans ses proportions, vif et net, annoncé peser 268 grains deux seizes, ou soixante-sept karats deux seizes,		
	De cette part......		1,243,000

Nos.	DÉSIGNATION.	POIDS.	ESTIMATION.
	Report		1,243,000[#]
	estimé, vu sa rareté et grande beauté, trois millions, ci	67 k. $\frac{2}{16}$	3,000,000
2.	Un très-grand diamant brillant, carré-arrondi, d'eau un peu céleste, ayant deux petites égrisures au bord du filetis; ce diamant annoncé ne point être recoupé en dessous et peser trente-un karats douze seizes, estimé trois cents mille livres, ci	31 k. $\frac{12}{16}$	300,000
3.	Deux topazes d'orient, forme longue, à huit pans, taillées en biseau, de belle couleur et nettes, annoncé peser quinze karats huit seizes, ci . . .	15 k. $\frac{8}{16}$	
4.	Une autre topaze des Indes, forme longue, à huit pans, taillée à biseaux, de belle couleur, vive et nette, annoncé peser neuf karats douze seizes, ci	9 k. $\frac{12}{16}$	
5.	Les trois topazes décrites sous les nos. 3 et 4, estimées six mille liv., ci	. . . .	6,000
	De cette part		4,549,000

Nos.	DÉSIGNATION.	POIDS.	ESTIMATION.
	Report........		4,549,000tt
	Le dragon dudit ordre, formé d'un grand rubis balai, gravé, sans désignation de poids, estimé soixante mille livres, ci.................	....	60,000
	Diamans de la flâme.		
6.	Quatre diamans carrés, arrondis, blancs, vifs et nets, annoncé peser ensemble quinze karats trois seizes, estimés seize mille livres, ci..................	15 k. $\frac{3}{16}$	16,000
7.	Le surplus des diamans composant ladite toison, monte en total à quatre cents soixante-dix-huit pierres;		
	SAVOIR:		
	1°. Treize brillants dans la bélière.		
	2°. Soixante-treize dans la queue du dragon.		
	3°. Quatre-vingt-quatre dans les deux palmes.		
	4°. Soixante-quatre dans les ailes du dragon.		
	5°. Trente-six dans le		
	De cette part......		4,625,000

Nos.	DÉSIGNATION.	POIDS.	ESTIMATION.
	Report........		4,625,000tt
	derrière du corps du dragon.		
	6°. Douze dans la queue de la palme.		
	7°. Quatre-vingt-quatre brillants peints en rouge dans les flâmes.		
	8°. Enfin cent douze brillants peints en jaune dans la toison.		
	Le tout estimé douze mille livres, ci........	....	12,000
	La totalité de la toison estimée à la somme de 3,394,000 livres.		
	Formant l'art. 8, inventaire 1774.		
	Signé Thierry, Crecy, Menière, J. C. Loury, Landgraff, Bion, Christin, Delattre.		
	Du 30 juillet.		
	Plaque de l'ordre du saint-esprit, composée en brillans et pierres de couleur.		
1.	Un saint-esprit formé d'un rubis balai, gravé, sans être poli, sans désignation de poids, es-		
	De cette part......		4,637,000

Nos.	DÉSIGNATION.	POIDS.	ESTIMATION
	Report.........	....	4,637,000tt
	timé quinze mille livres, ci.	....	15,000
2.	Les quatre principales pierres des fleurs de lis, en brillans, bien formées, de bonne eau, dont un mal nèt, estimés ensemble quarante mille livres, ci........	....	40,000
3.	Les huit brillants composant les petits fleurons des quatre fleurs de lis, sont blancs, vifs et nets, annoncé peser dix-sept karats trois seizes, estimés douze mille livres, ci............	17 k. $\frac{3}{16}$	12,000
4.	Le surplus des diamans composant ladite plaque monte en total à quatre cents soixante-treize brillants, tant blancs que peints en jaune et bleu, et en outre à trois petits rubis qui se trouvent au bas de la tête du saint-esprit,		
	SAVOIR:		
	1°. Cent quarante-deux brillants blancs dans le tour de la croix.		
	De cette part.........		4,704,000

Nos.	DÉSIGNATION.	POIDS.	ESTIMATION.
	Report	. . . . .	4,704,000#
	2°. Trente-deux brillants peints en bleu. 3°. Quatre-vingt-treize brillants peints en jaune dans les rayons du saint-esprit. 4°. Cent quarante-deux brillants blancs dans lesdits rayons. 5°. Soixante-quatre brillants blancs dans les quatre fleurs de lis. 6°. Enfin les trois petits rubis au bas de la tête du saint-esprit.		
	Le tout sans désignation de poids, estimé vingt-cinq mille livres, ci.	. . . .	25,000
	L'estimation totale de cette plaque monte à la somme de 92,000 liv.		
	CROIX DU CORDON DE L'ORDRE.		
	Bélière.		
1.	Un grand diamant brillant, forme pendeloque, d'eau crystaline et net, annoncé peser six karats cinq seizes,		
	De cette part	. . . .	4,729,000

Nos.	DÉSIGNATION.	POIDS.	ESTIMATION.
	Report.		4,729,000#
	estimé quinze mille liv., ci.	6 k. $\frac{5}{16}$	15,000
2.	Les huit brillants formant les boules de ladite croix, lesdits de bonne eau, vifs et nets, annoncés peser dix-neuf karats quatre seizes, estimés douze mille liv., ci.	19 k. $\frac{4}{16}$	12,000
3.	Les quatre principaux diamans des quatre fleurs de lis, blancs, vifs et nets, sans annonce de poids, estimés douze mille livres, ci........	....	12,000
4.	Le surplus des diamans composans ladite croix, monte en total à trois cents soixante-deux brillants, tant blancs que peints en jaune et bleu, SAVOIR: 1°. Quinze brillants dans la bélière. 2°. Quarante brillants blancs dans les quatre fleurs de lis de la croix. 3°. Quatre-vingt-onze brillants blancs dans les rayons.		
	De cette part.		4,768,000

Nos.	DÉSIGNATION.	POIDS.	ESTIMATION.
	Report.......		4,768,000tt
	4°. Trente-six brillants peints en bleu. 5°. Treize brillants peints en jaune dans les fleurons de la belière. 6°. Quatre-vingt-dix-sept brillants peints en jaune dans les rayons du saint-esprit. 7°. Enfin soixante-quatorze brillants blancs dans les nuages.		
	Le tout estimé dix mille livres, ci.......	....	10,000
5.	Le saint-esprit en rubis balai, gravé sans être poli, estimé dix mille livres, ci.......	....	10,000
	L'estimation totale de ladite croix monte à la somme de 59,000 liv.		
	ÉPAULETTE.		
1.	Un gros rubis balai, cabochon, de forme triangle, de belle couleur, vif et net, sans désignation de poids, estimé soixante mille livres, ci............	....	60,600
2.	Un diamant brillant,		
	De cette part......		4,848,000

Nos.	DÉSIGNATION.	POIDS.	ESTIMATION.
	Report........		4,848,000lt
	forme pendeloque, vif et net, couleur un peu fleur de pêcher, formant le milieu du trefle, annoncé peser cinq karats sept seizes, estimé dix mille livres, ci........	5 k. $\frac{7}{16}$	10,000
3.	Un diamant brillant, forme pendeloque, d'eau un peu jaune, vif et net, formant le côté gauche du trefle, annoncé peser trois karats quatorze seizes, estimé trois mille six cents livres, ci....	3 k. $\frac{14}{16}$	3,600
4.	Un diamant brillant, forme pendeloque, de bonne eau et net, formant le côté droit du trefle, annoncé peser quatre karats dix seizes, estimé cinq mille livres, ci.................	4 k. $\frac{10}{16}$	5,000
5.	Un diamant brillant, blanc, forme carrée-arrondie, vif et net, faisant le 1er diamant du bas, annoncé peser six karats forts, estimé dix mille livres, ci.......	6 k.	10,000
6.	Un diamant brillant,		
	De cette part......		4,876,600

Nos.	DÉSIGNATION.	POIDS.	ESTIMATION.
	Report........		4,876,600#
	blanc, forme carrée-arrondie, vif et net, faisant le second diamant du bas, annoncé peser quatre karats sept seizes, estimé cinq mille livres, ci.............	4 k. $\frac{7}{16}$	5,000
7.	Un diamant brillant, carré-arrondi, blanc, vif et net, faisant le troisième, annoncé peser trois karats dix seizes, estimé trois mille six cents livres, ci....	3 k. $\frac{10}{16}$	3,600
8.	Un diamant brillant, presque rond, de bonne eau, vif et net, faisant le quatrième, annoncé peser deux karats cinq seizes, estimé dix-huit cents livres, ci........	2 k. $\frac{5}{16}$	1,800
9.	Un diamant brillant, presque rond, de bonne eau, faisant le cinquième, annoncé peser deux karats deux seizes, estimé quinze cents livres, ci...................	2 k. $\frac{2}{16}$	1,500
10.	Un diamant brillant, presque rond, de bonne eau et net, faisant le		
	De cette part.....		4,888,500

Nos.	DÉSIGNATION.	POIDS.	ESTIMATION.
	Report........		4,888,500#
	sixième, annoncé peser un karat un seize, estimé cinq cents livres, ci..................	1 k. $\frac{1}{16}$	500
11.	Le surplus des diamans composant ladite épaulette, monte en total à cent quatre-vingt-dix-sept diamans, tant brillants blancs et peints en jaune qu'en rose, dont le dessous est saphir,		
	SAVOIR:		
	1°. Vingt-six brillants blancs dans le bas du premier fleuron, annoncés peser un karat, ci..	1 k.	
	2°. Vingt-huit brillants blancs dans le bas du deuxième fleuron, annoncés peser dix seizes, ci..............	$\frac{10}{16}$	
	3°. Vingt-six brillants blancs dans le bas du troisième fleuron, annoncés peser un karat deux seizes, ci.......	1 k $\frac{2}{16}$	
	4°. Vingt-quatre brillants blancs dans le bas du quatrième fleuron, annoncés peser quinze seizes, ci............	$\frac{15}{16}$	
	De cette part......		4,889,000

Nos.	DÉSIGNATION.	POIDS.	ESTIMATION.
	Report.		4,889,000tt
	5°. Vingt-quatre brillants blancs dans le bas du cinquième fleuron, annoncés peser quatorze seizes, ci.	$\frac{14}{16}$	
	6°. Dix-huit brillants blancs dans le bas du sixième fleuron, annoncés peser huit seizes, ci.	$\frac{8}{16}$	
	7°. Seize brillans blancs dans le bas du septième fleuron, annoncés peser neuf seizes, ci.	$\frac{9}{16}$	
	8°. Vingt-quatre brillants peints en jaune, annoncés peser deux karats six seizes, ci.	2 k. $\frac{6}{16}$	
	9°. Onze diamans-roses retournés, dont le dessous est un saphir, sans désignation de poids.		
	Le tout estimé quatre mille liv., ci.	. . . .	4,000
	L'estimation totale de ladite épaulette monte à la somme de 105,000 l.		
	Signé Thierry, Crecy, Menière, J. C. Loury, Landgraff, Bion, Christin, Delattre.		
	De cette part.		4,893,000

Nos.	DÉSIGNATION.	POIDS.	ESTIMATION.
	Report		4,893,000tt
	Du 2 août 1791. ÉPÉE DE DIAMANS. M. Crecy a mis sous les yeux de MM. les commissaires l'épée de diamans du roi ; ils lui ont demandé quels renseignements il pourroit leur donner sur l'identité des diamans qui forment l'ensemble de cette épée, avec ceux appartenans à la couronne, et compris dans l'inventaire de 1774, qui ont été fournis pour former cette épée. M. de Crecy observe que l'épée est composée partie diamans roses de la couronne qui n'avoient pas d'épaisseur et qui n'ont pu être taillés, et d'une partie de petites roses achetées en Hollande et à Paris. M. Thierry a observé que M. Bohemer, jouaillier de la couronne, et autres célèbres jouailliers de Paris, ayant été consultés (ainsi que		
	De cette part.		4,893,000

Nos.	DÉSIGNATION.	POIDS.	ESTIMATION.
	Report.		4,893,000 ₶
	M. Dogny) pour donner leur avis sur les diamans propres à être taillés en brillants, ces MM. en avoient excepté ceux qui ayant beaucoup de superficie et peu de fond, auroient trop perdu de leur valeur par la taille en brillant, et qu'ils avoient mis au rebut ceux qui étoient défectueux, pour être vendus comme trop inférieurs pour être employés dans les parures de sa majesté ; Que M. Thierry, pour ne pas laisser inutile cette riche collection de diamans-roses, avoit conçu le projet d'en former une épée pour le roi; ce à quoi M. Dogny et les jouailliers de la couronne avoient donné toute approbation; qu'en conséqu'ence, et d'après les ordres du roi, M. Thierry avoit chargé le sieur Bretel, jouaillier très en réputation à Paris, de l'exécution de cette épée, dont la garniture est composée de		
	De cette part.		4,893,000

Nos.	DÉSIGNATION.	POIDS.	ESTIMATION.
	Report........		4,893,000tt
	2189 diamans-roses, dont les plus beaux et les plus étendus, proviennent des diamans de la couronne, faisant partie de l'inventaire de 1774, le surplus ayant été acheté en Hollande, ou fourni par le sieur Bretet, ainsi que le tout est ci-après détaillé,		
	SAVOIR:		
	356 diamans de la couronne, pesant ensemble trois cents trente-deux karats deux seizes, ci.........	332 k. $\frac{2}{16}$	
	Ces diamans proviennent des articles 2, 3, 4, 5, 6, 8, 10, 12 de l'inventaire 1774.		
	1235 roses d'Hollande, pesant soixante karats six seizes, ci..............	60 k. $\frac{6}{16}$	
	598 roses fournies par le sieur Bretet, pesant sept karats sept seizes, ci..............	7 k. $\frac{7}{16}$	
	2189 diamans pesant...	399 k. $\frac{15}{16}$	
	Signé Thierry et Crecy.		
	De cette part......		4,983,000

Nos.	DÉSIGNATION.	POIDS.	ESTIMATION.
	Report.		4,893,000tt
	Une épée de diamans, dont le dessous de la garde est damasquiné, entourée d'une bordure de roses d'Hollande et ornée des chiffres du roi, accompagnés de palmes ; les chiffres, ainsi que les palmes, garnis de roses d'Hollande,		
	SAVOIR:		
	Au pommeau de l'épée,		
1.	Deux diamans taillés en roses, forme pendeloque, couleur d'acier, vifs, l'un des deux mal net, annoncé peser vingt karats cinq seizes, estimés cinquante mille livres, ci	20 k. $\frac{5}{16}$	50,000
2.	Au bouton du pommeau, un diamant taillé en rose, forme ronde, de bonne eau, glaceux et mal net, annoncé peser quatre karats deux seizes, estimé douze cents livres, ci	4 k. $\frac{2}{16}$	1,200
3.	Sur les côtés du pommeau, deux diamans		
	De cette part.		4,944,200

Nos.	DÉSIGNATION.	POIDS.	ESTIMATION.
	Report.		4,944,200ᵗᵗ
	taillés en rose, forme ovale, de bonne eau, dont l'un glaceux et mal net, sur lesquels il n'y a aucun renseignement pour le poids, au moyen de quoi ils seront compris dans le nombre des roses au karat, ci.	Mémoire.	
	POIGNÉE.		
4.	Deux diamans formant le milieu de la poignée, lesdits d'étendue, taillés en rose, forme ovale, presque ronds, de bonne eau et mal nets, annoncés peser vingt-deux karats douze seizes, estimés soixante-douze mille liv. ci.	22 k. $\frac{12}{16}$	72,000
5.	Quatre diamans faisant l'accompagnement des deux principales pierres de la poignée; ces quatre diamans taillés en rose de différentes formes, un glaceux, les autres de bonne eau, annoncés peser vingt-sept karats deux seizes, estimés quarante mille livres, ci.	27 k. $\frac{2}{16}$	40,000
6.	Quatre autres diamans plus petits sur les mêmes		
	De cette part.		5,055,200

Nos.	DÉSIGNATION.	POIDS.	ESTIMATION.
	Report.		5,056,200tt
	côtés, ces quatre diamans taillés en rose, deux glaceux, les autres de bonne eau et de différentes formes, annoncés peser seize karats deux seizes, estimés dix-huit mille liv., ci.	16 k $\frac{2}{16}$	18,000
7.	Deux diamans plus petits au haut des côtés de la poignée, ces diamans taillés en rose, forme ovale, de bonne eau, vifs et mal nets, annoncés peser cinq karats onze seizes, estimés deux mille livres, ci. .	5 k. $\frac{11}{16}$	2,000
8.	Deux diamans occupant le milieu des deux petits côtés de la poignée, ces diamans taillés en rose, de forme carrée-arrondie, de bonne eau, vifs et nets, annoncés peser six karats cinq seizes, estimés quatre mille livres, ci.	6 k. $\frac{5}{16}$	4,000
9.	Quatre diamans faisant l'accompagnement des deux susdits numérotés 8, ces diamans taillés en rose de diffé-		
	De cette part.		5,050,200

Nos.	DÉSIGNATION.	POIDS.	ESTIMATION.
	Report.		5,080,200₶
	rentes formes; un, un peu jaune, les autres de bonne eau, parmi lesquels il y en a cependant deux de mal nets, annoncés peser quatorze karats onze seizes, estimés sept mille livres, ci.	14 k. $\frac{11}{16}$	7,000
10.	Six diamans sur les mêmes côtés de la poignée, ces diamans taillés en rose de différentes formes, de bonne eau, dont un mal net, annoncé peser seize karats quatre seizes, estimés neuf mille livres, ci. . .	16 k. $\frac{4}{16}$	9,000
11.	Deux diamans taillés en rose, qui terminent les petits côtés, ces diamans de forme ronde, de bonne eau, vifs et nets, annoncés peser deux karats cinq seizes, estimés six cents livres, ci.	2 k. $\frac{5}{16}$	600
12.	Deux grands diamans occupant le bas de la poignée, ces diamans taillés en rose, forme ovale, longs, blancs,		
	De cette part.		5,096,800

Nos.	DÉSIGNATION.	POIDS.	ESTIMATION.
	Report		5,096,800tt
	vifs et nets, annoncés peser six karats six seizes, estimés huit mille livres, ci	6 k. $\frac{6}{16}$	8,000
13.	Deux diamans au crochet de la garde, ces diamans taillés en rose, forme ovale, un blanc et mal net, l'autre ayant un peu de couleur, vif et net, annoncés peser quatre karats treize seizes, estimés deux mille quatre cents livres, ci..	4 k. $\frac{13}{16}$	2,400
14.	Deux grands diamans occupant le milieu de la coquille, ces diamans taillés en rose, de forme ovale, d'eau un peu jaune, vifs et mal nets, annoncés peser dix-neuf karats deux seizes, estimés quarante mille livres, ci............	19 k. $\frac{2}{16}$	40,000
15.	Quatre autres diamans accompagnant ceux ci-dessus, ces diamans taillés en rose de différentes formes, un, un peu jaune, un brun, et les deux derniers de bonne eau, vifs et mal nets, annon-		
	De cette part......		5,147,200

Nos.	DÉSIGNATION.	POIDS.	ESTIMATION.
	Report.		5,147,200tt
	cés peser vingt-trois karats cinq seizes, estimés quarante mille liv., ci.	23 k. $\frac{5}{16}$	40,000
16.	Trois cents dix-neuf roses moyennes qui complettent ladite épée et la garniture du fourreau, compris les deux désignées au no. 3 ci-dessus, de différentes formes et grosseurs, de bonne eau, annoncées peser ensemble soixante-quatorze karats, estimées, à deux cents cinquante livres le karat, dix-huit mille cinq cents livres, ci.	74 k.	18,500
17.	Dix-huit cents trente-un diamans taillés en rose, composant le reste de la garniture de l'épée, annoncés peser soixante-cinq karats huit seizes, estimés, à deux cents cinquante livres le karat, la somme de seize mille trois cents soixante-quinze livres, ci.	65 k. $\frac{8}{16}$	16,375
	L'estimation totale		
	De cette part.		5,222,075

N^{os}.	DÉSIGNATION.	POIDS.	ESTIMATION.
	Report........		5,222,075#
	de l'épée est de 329,075 livres.		
	Signé Thierry, Crecy, Menière, J. C. Loury, Landgraff, Bion, Christin, Delattre.		
	Du 3 août.		
	BOUTONS DE DIAMANS.		
	Une garniture composée de vingt-huit gros boutons pour l'habit, Dix-huit moyens pour la veste, et Dix plus petits pour la culotte,		
	SAVOIR:		
	Les vingt-huit pierres au milieu des gros boutons.		
1.	Un diamant brillant blanc, forme ovale, presque rond, d'étendue, vif et net, annoncé peser quatre karats deux seizes, estimé six mille livres, ci............	4 k. $\frac{2}{16}$	6,000
	Partie de l'art. 2, inventaire 1774.		
	De cette part......		5,228,075

Nos.	DÉSIGNATION.	POIDS.	ESTIMATION.
	Report........		5,228,075#
2.	Un diamant brillant, forme ovale, d'étendue, d'eau un peu brune, vif et net, annoncé peser quatre karats huit seizes, estimé cinq mille livres, ci............	4 k. $\frac{8}{16}$	5,000
	Partie de l'art. 3, inventaire 1774.		
3.	Un diamant brillant, forme carrée-arrondie, d'étendue, de bonne eau, vif et mal net, annoncé peser quatre karats quatre seizes, estimé six mille livres, ci.................	4 k. $\frac{4}{16}$	6,000
	Partie de l'art. 3, inventaire 1774.		
4.	Un diamant brillant, forme carrée-arrondie, d'étendue, blanc, vif et mal net, annoncé peser cinq karats un seize, estimé neuf mille livres, ci.................	5 k. $\frac{1}{16}$	9,000
	Partie de l'art. 3, inventaire 1774.		
5.	Un diamant brillant, forme ovale, de bonne eau et mal net, annoncé		
	De cette part......		5,248,075

Nos.	DÉSIGNATION.	POIDS.	ESTIMATION.
	Report.		5,248,075tt
	peser quatre karats treize seizes, estimé sept mille livres, ci.	4 k. $\frac{13}{16}$	7,000
	Partie de l'art. 3, inventaire 1774.		
6.	Un diamant brillant, forme carré-long-arrondi, d'étendue, d'eau un peu jaune et laiteuse, annoncé peser quatre karats six seizes, estimé six mille livres, ci.	4 k. $\frac{6}{16}$	6,000
	Partie de l'art. 3, inventaire 1774.		
7.	Un diamant brillant, d'étendue, forme ronde, de bonne eau, vif et net, annoncé peser cinq karats un seize, estimé huit mille livres, ci.	5 k. $\frac{1}{16}$	8,000
	Partie de l'art. 3, inventaire 1774.		
8.	Un diamant brillant, forme ronde, d'étendue, d'eau cristalline, vif et net, sans désignation de poids, estimé dix mille livres, ci.	. . . .	10,000
	Partie de l'art. 3, inventaire 1774.		
9.	Un diamant brillant,		
	De cette part.		5,279,075

Nos.	DÉSIGNATION.	POIDS.	ESTIMATION.
	Report.........		5,279,075lt
	d'étendue, forme carré-long, couleur de bois, rempli de glaces, annoncé peser trois karats quinze seizes, estimé deux mille livres, ci...	3 k. $\frac{15}{16}$	2,000
	Partie de l'art. 3, inventaire 1774.		
10.	Un diamant brillant, d'étendue, forme presque ronde, de bonne eau, vif et mal net, annoncé peser quatre karats dix seizes, estimé six mille livres, ci.....	4 k. $\frac{10}{16}$	6,000
	Partie de l'art. 3, inventaire 1774.		
11.	Un diamant brillant, forme ronde, d'étendue, d'eau un peu jaune et mal net, annoncé peser quatre karats treize seizes, estimé six mille livres, ci............	4 k. $\frac{13}{16}$	6,000
	Partie de l'art. 3, inventaire 1774.		
12.	Un diamant brillant, d'étendue, forme carrée-arrondie, blanc, vif et net, annoncé peser quatre karats onze sei-		
	De cette part......		5,293,075

Nos.	DÉSIGNATION.	POIDS.	ESTIMATION.
	Report.......		5,293,075tt
	zes, estimé dix mille livres, ci..............	4 k. $\frac{11}{16}$	10,000
	Partie de l'art. 3, inventaire 1774.		
13.	Un diamant brillant, d'étendue, forme ronde, d'eau un peu jaune, vif et mal net, annoncé peser quatre karats quatre seizes, estimé quatre mille livres, ci.......	4 k. $\frac{4}{16}$	4,000
	Partie de l'art. 3, inventaire 1774.		
14.	Un diamant brillant, d'étendue, forme ronde, de bonne eau, vif et mal net, annoncé peser cinq karats trois seizes, estimé sept mille livres, ci....................	5 k. $\frac{3}{16}$	7,000
	Partie de l'art. 3, inventaire 1774.		
15.	Un diamant brillant, d'étendue, forme ovale, de bonne eau et glaceux, annoncé peser cinq karats onze seizes, estimé sept mille livres, ci....	5 k. $\frac{11}{16}$	7,000
	Partie de l'art. 3, inventaire 1774.		
16.	Un diamant brillant,		
	De cette part......		5,321,075

N^os.	DESIGNATION.	POIDS.	ESTIMATION.
	Report.........		5,321,075^tt
	d'étendue, forme carré-long arrondi, de bonne eau et net, annoncé peser cinq karats sept seizes, estimé sept mille livres, ci.............	5 k. $\frac{7}{16}$	7,000
	Partie de l'art 3, inventaire 1774.		
17.	Un diamant brillant, d'étendue, forme ronde, d'eau un peu jaune, laiteux et net, annoncé peser quatre karats quatre seizes, estimé quatre mille livres, ci........	4 k. $\frac{4}{16}$	4,000
	Partie de l'art. 3, inventaire 1774.		
18.	Un diamant brillant, d'étendue, forme carré-long arrondi, d'eau un peu brune, vif et net, annoncé peser quatre karats quatre seizes, estimé cinq mille livres, ci.................	4 k. $\frac{4}{16}$	5,000
	Partie de l'art. 3, inventaire 1774.		
19.	Un diamant brillant, d'étendue, forme ovale, de bonne eau et mal net, annoncé peser quatre		
	De cette part......		5,337,075

Nos.	DÉSIGNATION.	POIDS.	ESTIMATION.
	Report........		5,337,075#
	karats treize seizes, estimé sept mille livres, ci..................	4 k. $\frac{1}{16}$	7,000
	Partie de l'art. 3, inventaire 1774.		
20.	Un diamant brillant, d'étendue, forme ronde, de bonne eau, vif et net, sans désignation de poids, estimé cinq mille livres, ci............	....	5,000
	Partie de l'art. 3, inventaire 1774.		
21.	Un diamant brillant, d'étendue, forme ovale alongée, couleur jaune, vif et net, annoncé peser cinq karats sept seizes, estimé cinq mille livres, ci............	5 k. $\frac{7}{16}$	5,000
	Partie de l'art. 3, inventaire 1774.		
22.	Un diamant brillant, d'étendue, forme ovale, d'eau un peu jaune, vif et net, annoncé peser quatre karats six seizes, estimé cinq mille livres, ci................	4 k. $\frac{6}{16}$	5,000
	Partie de l'art. 3, inventaire 1774.		
	De cette part......		5,359,075

Nos.	DÉSIGNATION.	POIDS.	ESTIMATION.
	Report........		5,359,075 ₶
23.	Un diamant brillant, d'étendue, forme ronde, un peu jaune, vif et net, annoncé peser quatre karats six seizes, estimé cinq mille livres, ci..................	4 k. $\frac{6}{16}$	5,000
	Partie de l'art 3, inventaire 1774.		
24.	Un diamant brillant, d'étendue, forme ronde, blanc, ayant une glace au bord du filetis, sans désignation de poids, estimé six mille livres, ci..................	....	6,000
	Partie de l'art. 4, inventaire 1774.		
25.	Un diamant brillant, d'étendue, forme ronde, de bonne eau, glaceux et mal net, annoncé peser cinq karats un seize, estimé six mille livres, ci..................	5 k. $\frac{1}{16}$	6,000
	Partie de l'art 9, inventaire 1774.		
26.	Un diamant brillant, d'étendue, forme ronde, de bonne eau, vif et mal net, annoncé peser		
	De cette part.....		5,376,075

Nos.	DÉSIGNATION.	POIDS.	ESTIMATION.
			₶ ß ₰
	Report		5,376,075
	quatre karats six seizes, estimé sept mille livres, ci.	4 k. $\frac{6}{16}$	7,000
	Partie de l'art. 9, inventaire 1774.		
27.	Un diamant brillant, d'étendue, forme ovale, d'eau un peu fleur de pêcher, vif et net, annoncé peser quatre karats treize seizes, estimé huit mille livres, ci.	4 k. $\frac{13}{16}$	8,000
	Partie de l'art. 9, inventaire 1774.		
28.	Un diamant brillant, d'étendue, forme ronde, blanc, vif et net, annoncé peser quatre karats dix seizes, estimé dix mille livres, ci	4 k. $\frac{10}{16}$	10,000
	Partie de l'art. 9, inventaire 1774.		
	Premier entourage des 28 gros boutons composés de treize brillants chaque.		
29.	Trois cents soixante-quatre brillants de différentes grosseurs, d'eau,		
	De cette part		5,401,075

Nos.	DÉSIGNATION.	POIDS.	ESTIMATION.
			tt ß §
	Report.		5,401,075
	qualités et formes, annoncés peser deux cents quarante-un karats treize seizes, estimés, à deux cents cinquante livres le karat, soixante mille quatre cents cinquante-trois livres, ci	241 k. $\frac{13}{16}$	60,453
	Partie de l'art. 5, inventaire 1774.		
	Second entourage desdits gros boutons.		
30.	Quatre cents soixante-seize brillants de différentes formes, d'eau, grosseurs, et qualités, annoncés peser cinquante-deux karats un seize, estimés, à deux cents livres le karat, dix mille quatre cents douze livres, ci	52 k. $\frac{1}{16}$	10,412
	Les diamans de cet article ont été achetés en Hollande.		
	Diamans du milieu, des moyens et petits boutons au nombre de 28.		
31.	Vingt-huit brillants du milieu, desdits boutons, annoncés peser ensemble quarante-trois		
	De cette part		6,471,940

Nos.	DÉSIGNATION.	POIDS.	ESTIMATION.
			₶ ß ₰
	Report........		5,471,940
	karats quinze seizes, estimés huit cents livres pièce, pour les vingt-huit vingt-deux mille quatre cents liv., ci...	43 k. $\frac{15}{16}$	22,400
	Partie de l'art. 5, inventaire 1774.		
	Premier entourage des 28 boutons ci-dessus.		
32.	Trois cents seize brillants formant l'entourage des vingt-huit boutons, lesdits annoncés peser quatre-vingt-onze karats trois seizes, estimés, à deux cents vingt livres le karat, vingt mille soixante-une liv. ci..................	91 k. $\frac{3}{16}$	20,061
	Partie de l'art. 8, inventaire 1774.		
	Deuxième entourage des 18 boutons de la veste.		
33.	Deux cents soixante-dix brillants, annoncés peser douze karats dix seizes, estimés, à deux cents livres le karat,		
	De cette part......		5,514,401

Nos.	DÉSIGNATION.	POIDS.	ESTIMATION.
			tt ß
	Report........		5,514,401
	deux mille cinq cents vingt-cinq livres, ci...	12 k. $\frac{10}{16}$	2,525
	Ces diamans achetés en Hollande en 1789.		
	L'estimation de cette garniture de boutons, monte en total à 294,851 livres.		
	Une paire de boucles de diamans pour souliers, composée de 80 pierres.		
	M. Crécy a observé à MM. les commissaires que ces boucles appartenoient au roi, et qu'il n'y avoit dans leur composition que huit brillans appartenans à la couronne, lesquels vont être décrits ci-après.		
34.	Huit brillans dans lesdites boucles de souliers, lesquels sont de bonne eau, et annoncés peser douze karats, estimés à six cents livres piece, la somme de quatre mille huit cents livres, ci...	12 k.	4,800
	Partie de l'art. 5, inventaire 1774.		
	De cette part......		5,521,726

Nos.	DÉSIGNATION.	POIDS.	ESTIMATION.
			tt ß ꝗ
	Report.......		5,521,726
	Une paire de boucles de jarretières, composée de 44 brillants.		
35.	Il a été fait par le sieur Crécy la même observation que pour les boucles de souliers, et a représenté que dans la composition de ces boucles, il n'y avoit que quatre brillans appartenans à la couronne, lesquels quatre brillans sont blancs, et annoncés peser ensemble trois karats quinze seizes, estimés à quatre cents livres le karat, quinze cents soixante quinze liv., ci...	3 k. $\frac{15}{16}$	1,575
	Partie de l'art. 5, inventaire 1774.		
	Douze chatons servant à la ganse du chapeau du roi.		
	SAVOIR:		
36.	1o. Un brillant forme ronde, épais, vif et net, annoncé peser six karats deux seizes, estimé quinze mille livres, ci..	6 k. $\frac{2}{16}$	15,000
	Partie de l'art. 4, inventaire 1774.		
	De cette part......		5,538,301

Nos.	DÉSIGNATION.	POIDS.	ESTIMATION ₶ ß
	Report.		5,538,301
	2°. Un brillant presque rond, épais, céleste, d'eau un peu brune et mal net, annoncé peser six karats onze seizes, estimé six mille livres, ci.	6 k. $\frac{11}{16}$	6,000
	Partie de l'art. 5, inventaire 1774.		
	3°. Un diamant brillant, forme carrée-arrondie, d'eau un peu jaune et mal net, annoncé peser quatre karats treize seizes, estimé quatre mille livres, ci. . .	4 k. $\frac{13}{16}$	4,000
	No. 122 de l'art. 3, inventaire 1774.		
	4°. Un diamant brillant, forme ronde, de bonne eau, vif et net, annoncé peser quatre karats six seizes, estimé quatre mille livres, ci. . .	4 k. $\frac{6}{16}$	4,000
	No. 10 de l'art. 8, inventaire 1774.		
	5°. Un diamant brillant, épais, forme carré-long, de bonne eau et mal net, annoncé peser trois karats quinze sei-		
	De cette part.		5,552,301

[N]os.	DÉSIGNATION.	POIDS.	ESTIMATION.
			# ß ₰
	Report........		5,552,301
	zes, estimé trois mille livres, ci.............	3 k. $\frac{15}{16}$	3,000
	No. 7 de l'art. 9, inventaire 1774.		
	6o. Un diamant brillant, épais, forme carré-arrondi, de bonne eau et net, annoncé peser trois karats quatorze seizes, estimé trois mille livres, ci.............	3 k. $\frac{14}{16}$	3,000
	No. 5 de l'art. 9, inventaire 1774.		
	7o. Un diamant brillant, forme carré-arrondi, de bonne eau, vif et net, annoncé peser trois karats quatorze seizes, estimé trois mille livres, ci.............	3 k. $\frac{14}{16}$	3,000
	No. 129 de l'art. 3, inventaire 1774.		
	8o. Un diamant brillant, forme ovale, de bonne eau, ayant une glace jaune au bord du filetis, annoncé peser trois karats sept seizes, estimé trois mille livres, ci................	3 k. $\frac{7}{16}$	3,000
	De cette part......		5,564,301

Nos.	DÉSIGNATION.	POIDS.	ESTIMATION
			tt ß
	Report......		5,564,301
	No. 9 de l'art. 9, inventaire 1774.		
	9o. Un diamant brillant, presque rond, couleur un peu céleste et mal net, annoncé peser trois karats un seize, estimé trois mille livres, ci..................	3 k. $\frac{1}{16}$	3,000
	Partie de l'art. 3, inventaire 1774.		
	10o. Un diamant brillant, forme ronde, de bonne eau, glaceux et mal net, annoncé peser trois karats, estimé deux mille livres, ci...	3 k.	2,000
	No. 26 de l'art. 5, inventaire 1774.		
	11o. Un diamant brillant, forme carré-arrondie, d'eau jaune et net, annoncé peser deux karats huit seizes, estimé quinze cents livres, ci..................	2 k. $\frac{8}{16}$	1,500
	Partie du no. 2 de l'art. 12, inventaire 1774.		
	12o. Un diamant brillant, forme ronde, de		
	De cette part.....		5,570,801

Nos.	DÉSIGNATION.	POIDS.	ESTIMATION.
			₶ ß ₰
	Report		5,570,801
	bonne eau et net, annoncé peser deux karats quatre seizes, estimé dix-huit cents livres, ci	2 k. $\frac{4}{16}$	1,800
	No. 17 de l'art. 5, inventaire 1774.		
37.	Une boucle de chapeau, composée de douze brillants, d'étendue, de bonne eau, quelques-uns glaceux, annoncés peser quatorze karats six seizes, estimés, à cinq cents livres pièce, la somme de sept mille cent quatre-vingt-sept livres dix sols, ci..	14 k. $\frac{6}{16}$	7,187
	Partie de l'art. 5, inventaire 1774.		
	Chatons montés pour les parures.		
38.	Cent trois chatons d'étendue, dont soixante-quinze montés à jour, le reste foncés, de différentes formes et couleurs, annoncés peser cent huit karats un seize, estimés à trois cents livres le karat,		
	De cette part		5,579,788

Nos.	DÉSIGNATION.	POIDS.	ESTIMATION.
			₶ ß ₫
	Report........		5,579,788
	trente-deux mille quatre cents dix - huit livres, ci..................	108 k. $\frac{2}{16}$	32,418
	Partie de l'art. 5, inventaire 1774.		
39.	Trente-quatre chatons d'étendue, de différentes grosseurs et qualités, annoncés peser soixante-quatre karats cinq seizes, estimés à cinq cents livres pièce, dix-sept mille livres, ci..................	64 k. $\frac{5}{16}$	17,000
	Partie de l'art. 5, inventaire 1774.		
40.	Trente-quatre autres chatons, d'étendue de différentes formes, grosseurs et couleurs, annoncés peser quarante-neuf karats huit seizes, estimés à cinq cents liv. pièce, dix-sept mille livres, ci............	49 k. $\frac{8}{16}$	17,000
	Partie de l'art. 5, inventaire 1774.		
41.	Soixante-quatre autres chatons, plusieurs d'étendue, de différentes formes, couleurs et qua-		
	De cette part......		5,646,206

Nos.	DÉSIGNATION.	POIDS.	ESTIMATION.
	Report........		5,646,206ᵗᵗ
	lités, annoncés peser quatre-vingt-deux karats deux seizes, estimés à quatre cents livres pièce, vingt-cinq mille livres, ci.	82 k. $\frac{2}{16}$	25,000
	Partie de l'art. 5, inventaire 1774.		
42.	Soixante-seize autres chatons, partie détendue, de différentes formes grosseurs; couleurs et qualités, annoncés peser soixante-dix-sept karat sept seizes, estimés à trois cents livres le karat, vingt-trois mille deux cents trente une livres, ci.............	77 k. $\frac{7}{16}$	23,231
	Partie de l'art. 5, inventaire 1774.		
43.	Quatre-vingt-dix autres chatons d'étendue, de différentes formes, grosseurs, couleurs et qualités, annoncés peser soixante-treize karats treize seizes, estimés deux cents cinquante livres le karat, dix-huit mille quatre cents		
	De cette part......		5,694,437

N^os^.	DÉSIGNATION.	POIDS.	ESTIMATION.
	Report........		5,694,437^tt^
	cinquante - trois livres, ci....................	73 k. 15/16	18,453
	30 de l'art. 7, & 60 de l'art. 8, inventaire 1774.		
44.	Onze autres chatons, d'étendue, de différentes formes, grosseurs, couleurs et qualités, annoncés peser vingt-quatre karats, estimés, à six cents livres pièce, six mille six cents livres, ci....................	24 k.	6,600
	Partie de l'art. 5, inventaire 1774.		
	MONTRE		
	EN DIAMANS BRILLANTS.		
	Médaillon de la chaîne.		
	Un grand diamant, d'étendue, forme carrée, à coins arrondis, de bonne eau, vif et net, estimé quatre-vingt mille livres, ci............	....	80,000
	Ce diamant étant monté, on n'a pu désigner le poids.		
	A une des clefs,		
	Un diamant brillant,		
	De cette part......		5,799,490

Nos.	DÉSIGNATION.	POIDS.	ESTIMATION.
	Report........		5,799,490#
	d'étendue, forme ronde, de bonne eau, vif et net, sans désignation de poids, estimé dix mille livres, ci........	....	10,000
	A l'autre clef.		
	Un diamant brillant, d'étendue, forme ovale, de bonne eau, sans désignation de poids, estimé dix mille livres, ci..................	....	10,000
	CACHET DU ROI.		
	Un diamant brillant, forme carrée, de bonne eau, taillé à quatre facettes en-dessous, ayant une grande culasse, sans désignation de poids, estimé trois mille livres, ci..................	....	3,000
	Montre du roi et sa chaîne en brillans et émeraudes, estimées douze mille livres, ci..	....	12,000
	TOTAL des parures...	....	5,834,490

RÉCAPITULATION.

Le premier chapitre des diamans monte à........................	16,730,403tt 11ß 1[illegible]
Le second *idem*, des perles monte à........................	996,700
Le troisième *idem*, des pierres de couleurs, monte à........................	360,604
Et le quatrième *idem*, des parures, monte à........................	5,834,490
TOTAL général des diamans, perles, pierres de couleurs et parures du roi...	23,922,197

Signés, THIERRY, CRECY, J. F. DELATTRE, CHRISTIN, BION, MENIÈRE, LOUY et LANDGRAFF.

www.ingramcontent.com/pod-product-compliance
Lightning Source LLC
Chambersburg PA
CBHW070758270326
41927CB00010B/2188

* 9 7 8 2 0 1 4 4 9 0 4 3 5 *